重大基础设施工程项目成功的维度识别、关键要素与提升策略研究

王　婷　何清华　著

同济大学出版社
TONGJI UNIVERSITY PRESS
·上海·

内 容 提 要

本书立足于中国国情，围绕重大基础设施工程项目成功的基本内涵、维度和评价指标、关键成功要素、动态评估模型，以及有效的提升策略开展了系统、深入的研究。通过系统地梳理与分析，本书先后识别了重大基础设施工程项目成功的 5 大维度和 23 个评价指标，以及影响重大基础设施工程项目成功的 6 类共 32 个关键要素，然后进一步分析了关键要素对重大工程项目成功的影响机理。在此基础上，基于系统动力学理论与方法，对有效提升重大工程项目成功的管理策略进行了探讨。

本书的主要读者包括对工程管理、复杂项目管理和公共管理等感兴趣的社会科学类和决策科学类的学生和学者，重大工程开发过程的政策制定者、行政管理者、规划者、建设者、咨询者和其他实践参与者也是本书的重要目标群体。

图书在版编目(CIP)数据

重大基础设施工程项目成功的维度识别、关键要素与提升策略研究 / 王婷，何清华著. -- 上海 ：同济大学出版社，2023.7

ISBN 978-7-5765-0819-2

Ⅰ.①重… Ⅱ.①王…②何… Ⅲ.①基础设施建设－项目管理－研究－中国 Ⅳ.①F299.24

中国国家版本馆 CIP 数据核字(2023)第 066574 号

重大基础设施工程项目成功的维度识别、关键要素与提升策略研究

王　婷　何清华　著

出品人　金英伟

责任编辑　姚烨铭　　**责任校对**　徐春莲　　**封面设计**　张　微

出版发行　同济大学出版社　　www.tongjipress.com.cn
（地址：上海市四平路 1239 号　邮编：200092　电话：021-65985622）

经　　销　全国各地新华书店

制　　作　南京月叶图文制作有限公司

印　　刷　江苏凤凰数码印务有限公司

开　　本　710 mm×1000 mm　1/16

印　　张　11

字　　数　220 000

版　　次　2023 年 7 月第 1 版

印　　次　2023 年 7 月第 1 次印刷

书　　号　ISBN 978-7-5765-0819-2

定　　价　98.00 元

国家自然科学基金资助项目(71971161)

同济大学学术专著(自然科学类)出版基金资助项目

上海市青年科技英才扬帆计划(23YF1446400)

上海市软科学研究计划项目(23692117700)

前 言

重大基础设施工程(以下简称重大工程)被称为“发展过程中的特权子”,换言之,它们旨在雄心勃勃地改变社会结构,而不是那些在既定社会结构中不求改变的小型或传统项目。改革开放以来,我国创造了三峡工程、青藏铁路、港珠澳大桥等诸多世界级重大工程建设项目的奇迹,成为全球重大工程实践的主战场。但是,“费用超支、工期拖延、收益难达预期”仍然是重大工程项目管理中的“铁律”(iron law)。导致该情况产生的原因呈现出多样性和复杂性,如重大工程本身的技术难度显著增加,外部环境也出现不确定性和模糊性。越来越多的学者指出,对于“重大工程项目成功”基本问题研究不透彻、不清晰、甚至不准确,是导致“铁律”存在的根本原因之一。因此,构建重大工程项目成功评价体系,识别重大工程取得成功的关键要素已经成为破解重大工程“铁律”亟待研究和解决的问题。与此同时,重大工程项目成功评价和影响要素极为复杂,并且具有极强的情景依赖性。基于以上背景,本书立足于我国国情,结合我国的重大工程实践,对“重大工程项目成功”这一核心科学问题进行较为系统和深入的研究,重点包含重大工程项目成功的多维度和评价指标识别、项目成功要素识别及影响作用分析,并在此基础上探讨重大工程项目成功的提升策略。

具体而言,本书基于已有的项目成功进行研究,结合重大工程项目特征并立足中国情境,以问卷调查为主要数据收集方法,借助 SPSS、PLS-SEM 和系统动力学 Vensim Ple 软件,运用定性与定量相结合的方法,主要开展了以下研究工作。

(1) 系统性地综述了建设工程领域的项目成功研究现状,以及重大工程项目成功评价指标与关键成功要素。揭示了 5 项研究不足之处(需要聚焦重大工程项目成功,关注发展中国家/地区的项目成功问题,需要重大工程项目成功的评价指标,分析关键成功要素和项目成功的影响机制,关注重大工程项目成功中的人为因素),以及项目成功的 5 大维度(20 个评价指标)和 36 个关键成功要素(5 大类)。综述结果为本书研究问题的提出与问卷的设计奠定了坚实基础。

(2) 识别了重大工程项目成功的维度与关键评价指标。基于文献综述,初步提取出工程项目成功的维度和评价指标,以此为依据,从重大工程情境和实践出发，结合专家访谈设计了调查问卷。基于行业调研问卷数据，通过SPSS软件识别出了5大维度（23个评价指标），即“项目实施效率及效果”“关键利益相关者满意”“企业（组织）战略目标达成”“行业的创新与发展”和“综合社会影响”。基于此，结合模糊集理论，进一步确定了9个关键评价指标，即“符合设计、技术、环保等的相关规定和要求”“职业健康、安全和环境（Health, Safety and Environment, HSE）目标实现”“满足设计使用功能，并提供公众所需的价值/服务”“业主方满意度”“政府方满意度”“企业品牌或声誉的提升”“新市场的开拓，或市场份额/竞争力的提升”“提升公众自信心和自豪感”和“为国家或地区发展带来明显的社会经济效益”。

(3) 识别了重大工程项目成功的关键成功要素。基于文献综述和专家访谈，初步提炼出5类共计35个成功要素。结合行业调研问卷数据，通过探索性因子分析，最终提取出6个共性因子（32个关键成功要素），即“项目管理措施的有效性”“项目参建方相关因素”“创新性管理举措”“外部因素”“经济因素”和“组织因素”。

(4) 分析了重大工程项目成功关键成功要素与关键评价指标之间的关系。通过偏最小二乘法-结构方程模型（PLS-SEM），提出了关键成功要素与项目成功之间的关系假设，分析了关键成功要素对关键评价指标的影响作用。分析结果表明，“经济因素”和“组织因素”的关键成功要素对项目成功具有显著正向作用。

(5) 在上述研究内容(2)、(3)和(4)的基础上，考虑到模型的复杂性，研究仅选取“组织因素”中的一项关键影响要素，即“参建人员甘于奉献，尽职尽责；能够自觉完成任务甚至做出超越职责要求外的，但对项目有力的积极行为——组织公民行为（Organizational Citizenship Behavior, OCB）”，运用Vensim Ple软件，构建系统动力学仿真模型，以探究该项关键成功要素对项目成功的动态影响。基于构建的仿真模型，进一步设计了3项管理策略，包括2项单一策略（提高升迁概率和项目文化），以及1项混合策略（同时提高升迁概率和项目文化）。仿真结果表明，相较而言，采用混合策略更能有效提升重大工程项目成功的程度。与此同时，在单一策略模拟中，提高升迁概率将更加显著地提升重大工程项目成功的水平。

本书将项目管理、复杂项目管理、工程管理、复杂工程管理等经典理论和前沿理论延伸至重大工程管理研究领域，识别了重大工程项目成功的维度、关键评价指标和关键成功要素，并在此基础上进行了政策仿真以探究重大工程项目成功的提升策略。研究成果有助于完善重大工程项目成功的理论基础，同时也可以为重大工程的决策者与管理者提供参考和借鉴。

本书的研究内容主要是以笔者参加同济大学与香港理工大学联合培养博士

双学位项目时所撰写的英文博士学位论文为基础，并得到导师何清华教授及其研究团队的鼎力相助。感谢参加本书初稿翻译工作的同济大学复杂工程管理研究院的博士研究生何晖、李洋、田子丹、卢伊玲、陈雅乔和硕士研究生张俊怡。本书第2章和第4章中少量内容为笔者已出版论文的再使用，现已征得Emerald出版社及美国土木工程师协会(American Society of Civil Engineers)的同意，在此一并感谢。另外，本书的出版也得到了国家自然科学基金面上项目(71971161)、同济大学学术专著(自然科学类)出版基金、上海市青年科技英才扬帆计划(23YF1446400)和上海市软科学研究计划项目(23692117700)的支持，谨在此表达诚挚的谢意。

本书中错误和不足之处在所难免，恳请各位同仁和广大读者批评指正。

王 婷

2022年11月

目 录

第1章 绪论

1.1 研究背景

重大工程通常被定义为投资成本超过10亿美元、耗时多年、涉及众多利益相关者并影响深远的巨型项目(Flyvbjerg, 2014)。此类项目本质上具有高度复杂性、风险性和不确定性。常见的重大工程包括机场、海港、大坝、高速铁路、海上油气开采项目、国防项目、奥运会项目、信息和通信技术系统以及新飞行器开发项目等(Flyvbjerg, 2017)。重大工程并不是中小工程的简单集合体或者放大的版本,而是在战略愿景、交付周期、复杂性和利益相关者参与方面完全有别于一般的建设工程项目(Flyvbjerg, 2017)。21世纪以来,我国正处于社会、经济的深刻变革与转型期,也正处在世界最大规模的重大工程建设期。在2005—2008年的4年间,中国建设的高速铁路里程数相当于欧洲过去20年的总和。据估算,2009—2012年间,国家新兴市场每年的基础设施投资额约为2.25万亿美元(Caldas和Gupta, 2017)。

然而,重大工程被称为项目世界的"猛兽"(Zarina Alias等,2014),"费用超支、工期拖延、收益难达预期"仍然是重大工程实施的普遍"铁律"(Flyvbjerg, 2017)。牛津大学赛德商学院重大工程研究团队对中国95个铁路和公路项目的数据统计显示:铁路项目进度的平均滞后率约为25%,75%的交通类基础设施项目存在成本超支问题且实际成本比计划成本高出30.6%。学术界将此类现象称为重大工程"绩效悖论"(Flyvbjerg, 2007)。导致"绩效悖论"的原因繁多,如业主能力不足(Winch和Leiringer, 2016)、重大工程的超高技术复杂性等(Giezen, 2013;Kardes等, 2013)。而且,越来越多的学者指出,对于"重大工程项目成功"基本问题研究不透彻、不清晰、甚至不准确是导致"绩效悖论"的关键原因之一(Shenhar和Holzmann, 2017; He等,2019a)。因此,构建重大工程项目成功评价体系,识别重大工程取得成功的关键要素已经成为破解重大工程"绩效悖论"亟待研究和解决的问题(Boynton和Zmud, 1984;Chan等,2001;Jonas Söderlund等,2017)。

1.1.1 为何研究重大工程?

重大工程具有诸多有趣而独特的特点。研究此类项目旨在了解其是如何创造价值,从而确定项目成功实施的策略(Merrow, 2011)。Greiman (2013b)列举了 6 个研究重大工程的主要缘由。

1. 传授实践经验

> 我们不能重塑过去,但我们一定要回顾从前,以便从中吸取可能适用于未来的教训。
>
> ——温斯顿·丘吉尔爵士

经验是伟大的老师。我们进行项目管理研究的主要原因之一就在于经验教训的积累,以便将它们应用到未来不同行业和不同大洲的项目中(Greiman, 2013b)。从重大工程中得到的所有教训,无论是好是坏,都能够用以指导未来的项目。在过去的几十年里,人们对重大工程进行了多方面的研究,如成本超支、工期延误和利益相关者冲突等,以推动重大工程的发展。

2. 助推知识传播和创新发展

重大工程本质上是将重要的隐性知识嵌入项目的特定团队中(Bresnen 等, 2003)。在项目活动中,人员、物质和信息流动在内的社会过程对知识和技术的扩散与转移至关重要(Greiman, 2013b)。例如,波士顿中央隧道这一重大工程的使命就是助推知识传播与创新发展。

3. 经济发展引擎

根据美国交通运输部的研究,重建道路、桥梁、轨交系统和机场工程可以刺激小型企业的创建和发展,而这就是美国的经济引擎(Greiman, 2013b)。众多研究表明,基础设施投资可以促进经济增长和提高社会生产率,并对多个领域产生积极的溢出效应,如能源效率和公共卫生方面(Sheng, 2018)。

4. 社会福利提升的需要

据世界银行统计,发展中国家每年对基础设施投资和维护的总需求超过 9 000 亿美元,这是一个极高的数字(World Bank, 2012)。在一些发展中国家,项目的建设是提供社会福利和可持续发展的唯一途径,包括环境可持续性、生活质量和经济可行性。因此,了解如何推进项目是解决贫困、粮食安全和全球健康等重大全球问题的关键。

5. 满足日益增长的重大投资需求,尤其是在交通和能源方面

如今,全球以我们从未想象过的方式彼此联系在一起。修建天然气供应管道、开发替代能源、缓解交通拥堵，并在桥梁、公路、机场达到原定使用寿命后进行重建等各类项目均需要大量投资。世界银行的核心业务是为基础设施提供融资，这一业务占其 2011 年援助总额的 46%（World Bank，2012）。

6. 提升透明度和监督水平

重大工程引起了诸多监督和公众关注。中国国家预防腐败局报告称，2009—2011 年间，公共建筑领域的腐败案件有 15 010 起，涉及 1 167 名嫌疑人，造成 30 亿元人民币（约 4.2 亿美元）的损失（Le 等，2014a）。2009 年，美国交通运输部监察长办公室报告了 235 起与基础设施合同有关的犯罪，并开出了超过 7.37 亿美元的罚款（Barnet 和 Russell，2009）。因此，有必要对重大工程进行研究，并适当地监管项目的关键环节。

1.1.2 重大工程项目成功研究有何遗漏的特点?

1. 缺乏评价指标和关键要素的研究

重大工程具有异质性和自适应性、生命周期长、利益相关者众多、高度不确定性、复杂性等特点，决定了此类项目成功的评价体系构建和影响要素识别有别于现有的一般建设工程所得的研究成果（Marrewijk 等，2008）。因此，目前针对普通项目的研究成果并不能直接应用于重大工程的成功评价，迫切需要厘清重大工程项目成功的评价体系及影响要素，这也是对重大工程进行有效管理和提升项目成功度的必要前提和基础。

2. 评价指标和成功要素之间存在相互依赖关系

在传统的项目管理研究中，学者将指标和因素作为独立的变量。然而，现有研究表明，重大工程项目成功的评价指标和关键成功要素（Flyvbjerg 等，2004）在很大程度上是相互依赖的，且存在复杂的相互作用。例如，成本超支和工期延误并不是独立的，相反，它们是相互作用的。施工阶段的延误会进一步导致成本超支。据报道，建设项目实施阶段中，倘若工期延误 1 年则会导致成本超支增加 4.64%（Flyvbjerg 等，2004）。Leon 等（2018）指出，重大工程项目成功的有效测量应当能够将指标和关键因素间存在的相互依赖和复杂的相互作用考虑其中。

3. 重大工程的动态性特征

传统的重大工程项目成功评估是静态的而非动态的（Abotaleb 和 El-adaway，2018）。然而，重大工程通常具有数十年甚至百年的长生命周期，用静态视角去评价项目成功及识别项目成功影响要素具有局限性和片面性（Davies 和 Mackenzie，2014；Dimitriou 等，2016），无法客观分析符合真实情境的重大工程项目成功的内在机理。因此，需要考虑动态性特征，从整体角度来理解和测度项目成功。在本书中,也将重大工程项目成功系统视为多个相互关联的反馈系统和动态意义上不断变化的系统(Taylor 和 Ford,2008)。

4. 组织适应性对重大工程项目成功的重要作用

重大工程是一个高度分散的多团队系统(Vries 等,2016),其 70%的项目复杂性和管理困境是由项目组织造成的(Vidal 和 Marle,2008);因此,"组织"是重大工程取得成功的关键因素之一(Baiden 等,2006;谢琳琳等,2018b)。同时,越来越多理论研究和实践结果表明,重大工程组织从静态结构设计向强化组织适应性转变,更易于实现重大工程项目成功的目标(程书萍,2017)。与此同时,重大工程并不是在无具体项目情境的"真空"中进行的,其组织适应性提升涉及建设任务、具体目标和不同项目阶段等方面(Engwall,2003)。重大工程组织必须适应外部环境的演化,以及不可预测的战略决策环境导致的组织变动,需要提高程序化来解决外部环境适应性的问题(Garg,2017)。因此,从组织角度提升重大工程项目成功得到了学者越来越多的关注(Bayramoglu,2001)。

1.1.3 为何关注中国问题?

中国是当代世界上最大的发展中国家。中国地域广、人口多,为了推动社会经济发展和城市化等战略,中国必然在相当长的时间内推动重大工程的建设,以支持长期的社会和经济发展。此外,通过"一带一路"倡议,中国正在进入"超级工程(tera-project)"时代,该倡议涉及数万亿美元的项目,可以影响至少 10 亿人口。这些使中国成为重大工程市场的超级大国(Sheng,2018)。例如,2016 年,中国与"一带一路"沿线国家签署的工程合同总额达到 1 260 亿美元。按绝对值计算,中国现在是世界上最大的固定资产支出国(Ansar 等,2016)。图 1.1 展示了 1982—2014 年间中国与美国、日本和德国的固定资产形成总额(美元)的对比情况。中国的投资规模和速度令人震惊。1982 年,中国的国内投资总额仅占世界的 2.1%,2014 年,中国投资总额为 4.6 万亿美元,占全球投资总额的 24.8%(Ansar 等,2016)。由此可见,中国在过去 20 年里一直处于"历史上最大的投资热潮"(Flyvbjerg 等,2009)。

然而,之前提到过重大工程的表现并不总是令人满意,中国的情况也如此,Ansar 等(2016)收集并分析了 1984—2008 年间中国 95 个铁路和轨道交通项目,分析结果表明其平均成本超支率为 30.6%,轨道交通项目延误率为 25%。

表 1.1 展示了研究所涉及的 95 个中国项目的超支情况。Huo 等(2018)发现,香港特区有超过 50 个重大工程的平均成本超支率为 39.18%,其中铁路、公路和跨海大桥(fixed-link)项目的占比分别为 34.83%、32.52%和 37.48%。

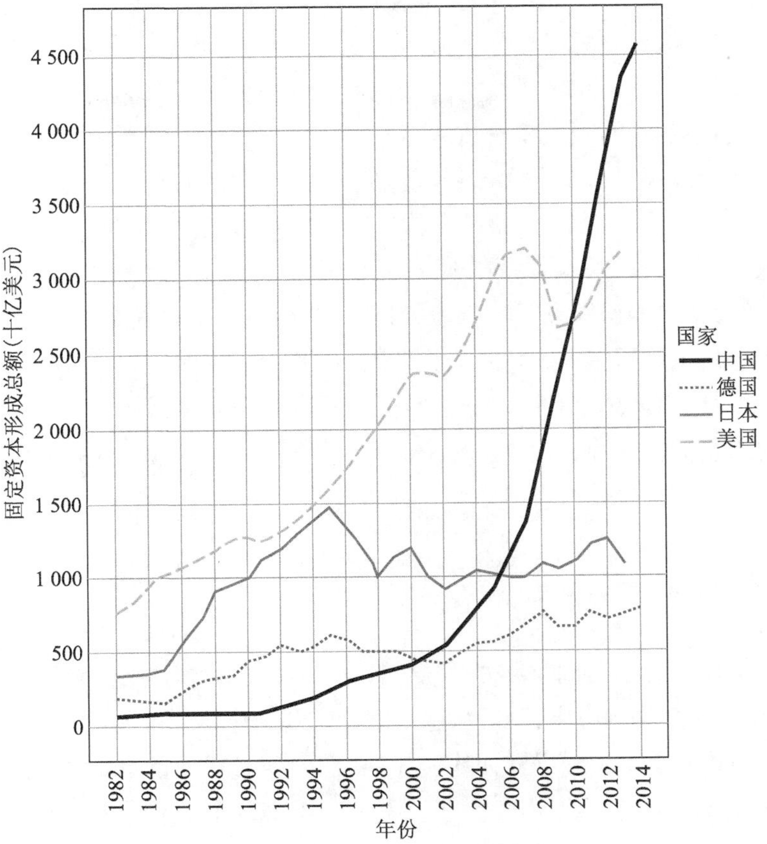

图 1.1 中国的投资热潮

注：该图引用自 Ansar 等(2016)。数据来自世界银行截至 2016 年 2 月 17 日的世界发展指标。http://data.worldbank.org/indicator/NE.GDI.FTOT.CD.

表 1.1 中国按项目类型划分的成本超支情况

类型	数量	平均成本超支率	标准差	显著性水平 (*p*)	成本超支中位数	成本超支的项目比例
公路	74	27.5%	47.7	<0.0001	16.1%	70%
铁路	21	41.5%	43.2	<0.0001	28.5%	90%
总计	95	30.6%	46.9	<0.0001	18.5%	75%

注：数据来源于 Ansar 等(2016)的研究。

此外，在重大工程研究中也应考虑到情境差异，脱离政治、经济和文化背景来讨论项目成功问题存在很大的局限性。我国的重大工程根植于独特的体制及制度情境之中，“政府—市场”共同作用则是我国现阶段重大工程建设与管理的标志性特征；同时，在重大工程实践中，也在诸多方面体现出与西方社会的不同（Li等，2018）。例如，参建方以参与重大工程建设为荣，其在建设过程中表现出诸多的良性组织行为（如组织公民行为），如克服极端气候条件、特殊情况下的集体赶工等超常规建设行为，也是实现重大工程项目成功的关键要素（Yang等，2018）。虽然国内已经开展了关于重大工程项目成功局部、碎片化的研究，但仍缺乏综合且深入的研究。因此，本书立足于我国国情，结合我国重大工程实践，对“重大工程项目成功”这一核心科学问题进行系统和深入研究，重点揭示多维度内涵、维度识别、关键成功要素识别及影响机理分析，并在此基础上探讨提升项目成功水平的有效策略。围绕研究问题，本书有四个具体的研究目标：①识别重大工程项目成功的维度与关键评价指标；②识别重大工程项目成功的关键成功要素；③分析重大工程项目成功关键成功要素与关键评价指标之间的关系；④从动态角度深入探讨提升重大工程项目成功的有效策略。

1.2 研究意义

重大工程是实现共同富裕的重要“抓手”，是推动经济社会发展的“特权粒子”。从埃及金字塔到中国长城，从悉尼歌剧院到港珠澳大桥，人类历史正是由一系列举世瞩目的重大工程串联而成。然而，作为项目管理世界中的“猛兽”，其交付绩效不理想的问题（如费用大幅超预算、工期延误和收益低下等问题）尚未得到有效的解决。对于具有高度复杂性和不确定性的重大工程，当前并没有系统的重大工程项目成功理论和切实可行的评估模型用于指导实践。因此，鉴于我国重大工程所处的独特的社会、经济和文化环境，符合中国国情的重大工程项目成功理论亟待建立。

鉴于此，本书表达的意义主要体现在四个方面：①由项目成功向重大工程项目成功延伸，具体包括研究重大工程项目成功的多维度（含评价指标）、关键要素和提升策略，研究有望拓展项目管理和重大工程管理理论；②明晰重大工程项目成功的评价指标与关键要素之间的关系，这种探索与梳理将有利于管理者通过对重要指标的控制以提高重大工程管理水平和效果；③基于系统思维和系统工程理论的角度对重大工程项目成功系统的动态性、复杂性和不确定性进行探索和定量测量；④借助系统动力学仿真模型可以模拟和探索有效提升重大工程项目成功的管理策略，这将有助于决策者和管理者制定切实可行的策略，以改善重大工程项目绩效。

1.3 研究技术路线

本书的技术路线如图1.2所示,涉及以下主要研究方法。笔者将会在第3章对研究方法进行详述。

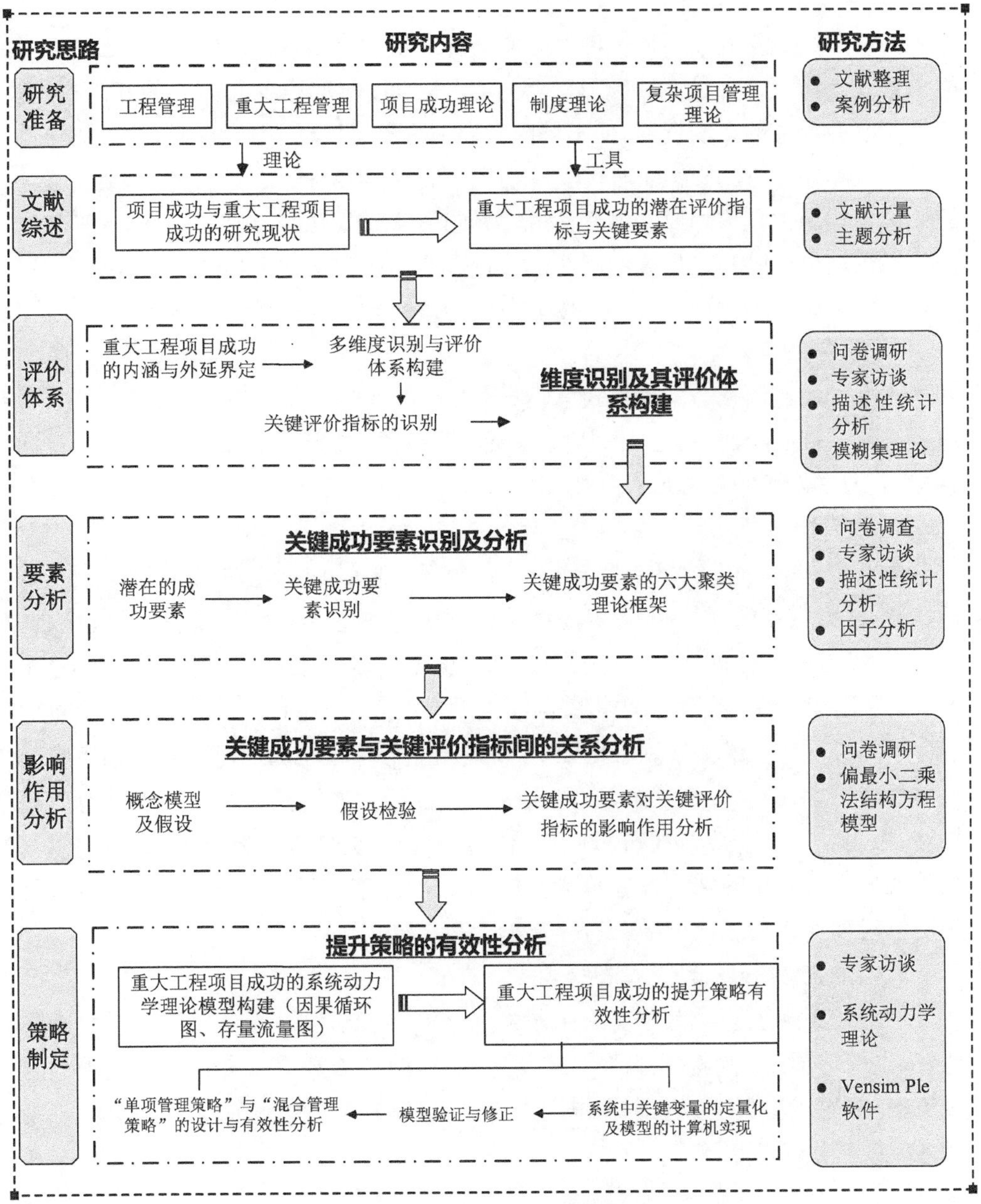

图1.2 本书的技术路线图

1. 文献综述及内容分析法

在广泛搜集和阅读国内外关于重大工程管理、项目成功及重大工程项目成功方面研究文献的基础上，分析既有研究中存在的不足和进一步的研究机会，充分借鉴既有的研究成果；采用内容分析法识别出重大工程项目成功的多维度和评价指标，并系统分析了重大工程项目成功的关键成功要素。

2. 专家访谈研究法

本书采用业界专家访谈法和学术界专家访谈法来探索重大工程项目成功的相关量表。作为一种定性研究方法，访谈可以通过和受访者面对面的互动交流，直接获取有价值的访谈资料，便于研究者厘清思路、发现问题。其中，业界访谈结合受访者具体参与的重大工程的实际情况，向被访谈者征询对重大工程项目成功的评价指标和关键成功要素的看法，作为问卷初始指标的补充材料。学术界深度访谈是根据形成的初始量表中问题的表述方式和内容向学术界的专家征询意见，以检验基本量表中指标设置和问题表述的合理性和可理解性。

3. 问卷调查法

本书以问卷调查为主要方式来收集数据。基于李斯特五点量表设计，编制了重大工程项目成功的评价指标和关键要素测量量表，形成了整体研究的调查问卷，然后通过电子问卷的形式发放和数据收集。

4. 统计学分析

本书首先采用相关的统计分析方法和软件工具（如 SPSS 软件和 Smartpls 软件）进行研究数据的评估和分析，这些统计分析方法主要包括：描述性统计分析、信度/效度分析和验证性因子分析等。然后根据具体研究内容采用相对应的分析方法：采用探索性因子分析法将关键因素提取出 6 个共同因子，从而构建出重大工程项目成功的关键要素六维框架；采用均值差异性检验法探讨不同受访者特征及项目特征如性别、教育背景、工作年限、单位角色、项目投资及项目工期等的差异性；采用独立样本 T 检验分析或单因素方差分析法分析其差异是否达到显著；采用偏最小二乘法的结构方程模型（PLS-SEM）探索出重大工程项目成功的各关键要素对项目成功各评价指标的影响作用。

5. 系统动力学仿真

本书采用系统动力学的理论和方法进行重大工程项目成功系统建模与动态仿真，以评估项目成功整体水平。在此基础上，制定提升重大工程项目成功的管理策略，并通过仿真模型进一步识别出提升策略的有效性，从而为我国重大工程管理实践提供参考借鉴。

1.4 研究设计和实施步骤

研究方法的选择关键取决于研究目标、研究问题和研究情境。事实上，并没有选择研究方法的最佳途径，也不存在最佳的研究方法(Fellows 和 Liu, 2015)，而本书也仅是选择了能够有效实现既定研究目标的研究方法。尽管如此，学者们仍建议采用广泛使用的研究方法，因为此举不仅有助于获得有意义的结果，而且还支持结果的复现(Alwaer 和 Croome, 2010)。因此，本书主要采用了文献综述、专家访谈和问卷调查进行数据收集，而数据分析则采用了常用的统计分析方法如描述性统计分析、因子分析、模糊集理论、结构方程模型(Partial Least Squares Structural Equation Modeling, PLS-SEM)和系统动力学仿真。

通常而言，一项研究涉及四个主要方面，包括拟要研究的问题、数据的相关性、数据收集方法以及对所收集数据的分析(Creswell,2003)。研究方法会由不同的步骤来实施。一般来说，这些方法可分为定性、定量或混合的方法。常见的定性方法包括访谈、观察和文档化数据(文本或图像)(Grbich,2012)，而定量方法则是基于有关绩效和(受访者)态度信息的测量题项，这些题项将通过统计分析方法进一步被处理(Creswell, 2003;Neuman, 2015)，混合方法是指定性和定量方法的组合，它允许对数据源进行三角验证，以保证定性和定量方法的收敛性(Creswell, 2003)。本书采用了混合方法，主要包括文献综述、半结构化访谈、问卷调查、因子分析、PLS-SEM、模糊集理论、系统动力学等。图 1.3 展示了所采用的研究设计和实施步骤。

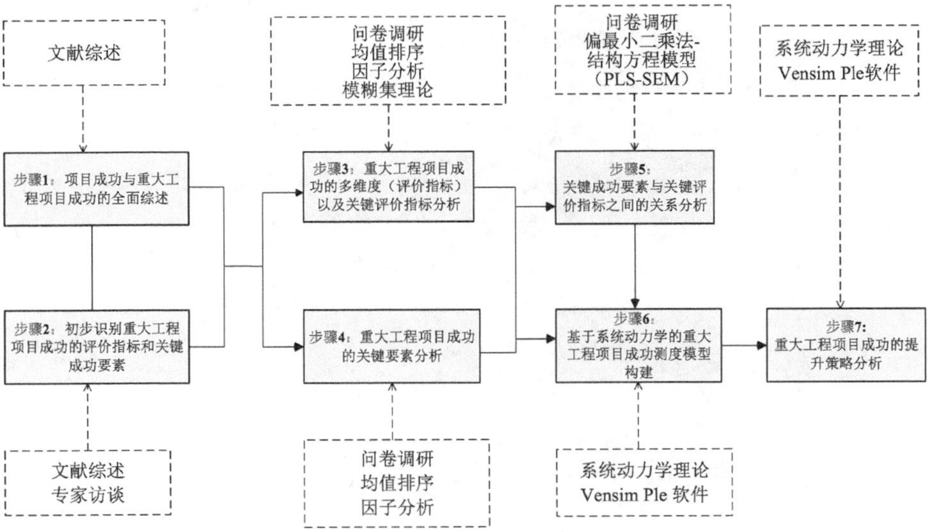

图 1.3 研究设计和实施步骤

步骤 1： 全面的文献综述

全面的文献综述有助于笔者掌握当前研究的不足，并为研究问题的提出与研究目标的科学制定打下坚实基础。

步骤 2： 重大工程项目成功的评价指标和关键成功要素的初步确定

这一步的主要研究方法包括文献综述和专家访谈。全面的文献综述有助于初步确定可能的重大工程项目成功的评价指标和关键成功要素。随后，笔者进行结构化访谈来调整基于文献识别出的评价指标和关键要素。

步骤 3： 重大工程项目成功的评价指标分析

根据步骤 2 中识别的评价指标进行问卷设计。随后，通过问卷调查进行数据收集、通过描述性统计分析、因子分析等确定重大工程项目成功的维度与评价指标，并基于模糊集理论以进一步确定最终的关键评价指标。

步骤 4： 重大工程项目成功的关键成功要素分析

与上一步骤相同，笔者通过问卷调查进行数据收集。先通过均值计算分析进行要素排序，随后采用因子分析法对关键成功要素进行聚类。

步骤 5： 关键成功要素与关键评价指标之间的关系分析

同样，笔者采用问卷调查用以收集数据。首先，对关键成功要素与关键绩效指标之间可能存在的关系进行假设。其次，使用 PLS-SEM 对假设检验，以识别出显著的路径。

步骤 6： 基于系统动力学的重大工程项目成功测度模型构建

基于系统动力学的理论和方法，利用 Vensim Ple 软件构建了包含已识别的关键评价指标和关键成功要素的重大工程项目成功动态测度模型。

步骤 7： 重大工程项目成功的提升策略有效性分析

借助步骤 6 中建立的动态模型，设计不同的管理情景策略，并在 Vensim Ple 软件中仿真，以确定能够提升重大工程项目成功的有效策略。

本章着重介绍了研究设计与研究实施过程中所采用的主要研究方法，包括数据收集方法及数据分析方法。笔者对涉及的各项研究方法的优势和劣势进行了阐述，亦对选用该研究方法的理由及合理性进行了解释。

1.5 数据收集方法

1.5.1 文献综述

文献综述为形成特定研究领域的知识库提供了坚实的基础。本书中的综述不仅仅是简单阅读相关论文,还用于确定这个研究领域中既有论文的研究现状和研究不足(Yeung, 2007)。本书的文献综述目的如下:①确定项目成功和重大工程项目成功研究中的不足,以确定本书的研究问题和研究目标;②科学制定研究问题的总体研究框架;③确定重大工程项目成功的潜在成功标准,确定重大工程项目成功的潜在关键成功要素,为进行后续访谈和问卷调查提供依据;④为建立系统动力学模型提供理论基础。本书的第 2 章对文献综述进行了详细的总结和分析。前者主要是总结了研究现状与不足,后者识别了重大工程项目成功的潜在评价指标和关键成功要素。

1.5.2 半结构化访谈

访谈是一种定性方法,旨在通过记录和分析受访者陈述的信息来确定受访者真实世界的核心主题(Kvale 和 Brinkmann, 2009)。这种方法已广泛应用于建设工程和管理领域的研究(Yang 等,2018;Hu 等,2015a)。访谈可分为三种不同的形式,即结构化访谈(Yeung, 2007)、半结构化访谈(Hu, 2013)和非结构化访谈(Rooke 等,2004)。本书采用半结构化访谈法对重大工程项目成功的评价标准和关键成功要素进行试点研究,旨在为问卷设计和问卷调查提供坚实的基础。附录 C 提供了专家访谈大纲。

1. 专家遴选流程和标准

专家访谈中,应仔细、客观地选择访谈专家,因为研究有效性和结果质量均与该选择过程直接相关(Hsu 和 Sandford, 2007; Dorussen 等,2005)。专家的选择通常由研究主题所需的专业领域决定。在本书中,采用了两步法来选择专家。首先,正式邀请函在同济大学复杂工程管理研究院(网址:http://ricem.tongji.edu.cn/#/Home)的支持下发出。该研究院成员包括复杂项目和大型工程管理领域的院士、30 多名行业研究人员和超过 50 名硕士研究生和博士研究生组成。随后,上述成员被要求根据信中预先确定的标准提名合格的从业人员(研究院内外)。具体的遴选标准如下:

(1) 具有至少 5 年的项目现场工作经验,对中国的大型建设项目管理有良好了解。

(2) 近期参与过至少 1 个(或以上)的中国大型建设项目。

(3) 具备项目成功和大型项目成功方面的专业经验和良好知识。

通过以上标准和步骤,可以初步遴选出潜在候选人。随后,笔者逐一联系这些目标受访者,询问他们是否愿意参与本项研究,以及他们什么时候可以参与访谈。最终,10 名从业者同意参加这项研究。

2. 受访者背景信息

专家访谈是在文献综述工作完成之后才开展实施的，用以对初步识别的重大工程项目成功的评价标准和关键成功要素进行验证或必要的调整，为问卷设计和问卷调查提供坚实的基础。2018 年 6 月和 7 月，笔者在上海对 10 名专家进行了一系列半结构式访谈。其中有 7 名拥有 10 年以上的大型建设项目工程和管理经验，3 名是从事大型复杂项目研究的学术专家。表 1.2 列出了受访专家的背景信息。

表 1.2　受访专家背景信息

受访者	职位	项目管理年限	参加过的大型项目
专家 1	教授	32	上海世博会、上海迪士尼度假区
专家 2	教授	23	上海世博会、长春西站
专家 3	助理教授	5	京新高速公路
专家 4	项目经理	16	广州白云国际机场、上海世博会
专家 5	项目经理	17	上海世博会、上海西岸传媒港
专家 6	项目经理	23	港珠澳大桥、杭州湾大桥
专家 7	项目副经理	15	上海迪士尼度假区、中国佛学院
专家 8	项目管理咨询	11	上海西岸传媒港、中国佛学院
专家 9	项目管理咨询	12	昆明地铁二号线、上海西站
专家 10	工程监理	8	上海西岸传媒港

每位访谈持续时间为 45～60 min(Lucko 和 Rojas，2010)。访谈大纲包括三个主要部分：访谈者简介、关于访谈的几个重要注意事项和正式访谈问题。正式访谈分为两个部分，即受访者个人背景信息(如工作年限、最近参与项目的类型、投资规模等)及对重大工程项目成功的评价指标和关键成功要素的意见。后半部分的问题是开放性的，笔者鼓励受访者自由表达意见并提出他们认为必要的任何见解。

1.5.3　问卷调查

问卷调查是一种从样本人群中收集数据的系统方法(Tan，2011)。某些显著优势使得该方法在建设项目管理研究领域广受欢迎(Shen 等，2010；He 等，2015；Yan 等，2019)，包括可量化性和客观性(Ackroyd 和 Hughes，1981)。此外，问卷调查是一种经济高效的方法，可以快速收集定量数据，同时保持受访者的匿名性(McQueen 和 Knussen，2002)。如前所述，本书采用问卷调查作为主要数据收集方法。这种方法可以通过样本定量描述其对研究问题的整体的感知和态度(Creswell, 2003)。尽管问卷调查存在一些缺点(例如偏差风险和低回复率),但如果采取适当措施以获得具有代表性和合理的样本,这种方法就能为研究人员提供一个检验大量因素的绝佳机会(Darko, 2018)。

本书中的问卷调查旨在:①确定中国情境下的重大工程项目成功的评价指标;②确定中国情境下的重大工程项目成功的关键成功要素;③探索关键成功因素与关键评价指标之间的关系。

1. 问卷设计

笔者首先邀请了5位专家对所设计问卷的题项充分性和可读性进行了预调研,他们的意见也被纳入最终问卷。设计的问卷包括三个部分,第一部分是有关项目信息的问题,如最近参与的一项重大工程的名称、开工年份和工程所在城市等。受访者被要求选择一个最近参与的重大工程作为回答该问卷的参考。第二部分是关于成功评价指标和关键成功要素,是根据最初确定的23个成功标准和36个关键要素制定的。笔者考虑使用5分、7分和9分评分量表来收集专业人士的意见,其中5分评分量表因其在解释结果明确方面的优势而最终被选用(Darko, 2018)。在这项研究中,受访者被要求按照李斯特五点量表(1=强烈不同意,2=不同意,3=中性,4=同意,5=强烈同意)对每个成功标准和关键要素的重要性进行评分,该量表已广泛用于建设项目管理研究(Zhang等,2011)。调查问卷的最后一部分包括受访者的背景信息,如在重大工程管理方面的多年经验。背景信息也将帮助调查者考查问卷第二部分收集的数据质量(Yan等,2019)。附录D列出了调查问卷。

2. 受访者背景信息

本问卷调查于2019年6—8月间在中国大陆进行。笔者只考虑了单个项目投资额超过10亿元人民币的重大基础设施工程项目(Zheng等,2019)。问卷调查对象的选择过程与访谈受访者的选择过程相似。简而言之,作者将问卷先发送至复杂工程管理研究院的成员,并请他们帮助完成问卷或将问卷分发给符合条件的受访者。在调研过程中,笔者共通过电子邮件和问卷星在线问卷形式发送共计300份问卷,其中129份为有效问卷,回复率为43%,高于在线调查的平均回复率(10%~15%),因而可视为合格(Xu等, 2012)。经过分析,47名受访者为业主(例如与项目直接相关的政府官员、业主项目团队成员或业主委托的顾问),69名为承包商,13名为设计师(由业主和设计咨询委托)。表1.3展示了受访者的背景信息,本次问卷调查中的受访者具备良好的经验和知识。从项目规模来看,本次问卷调查所涉及的项目符合研究中重大工程的标准。就地理位置而言,约

31%(江苏省、上海市和浙江省)的项目位于华东地区,21.71%(河南省和湖北省)的项目位于华中地区,17.05%(广西壮族自治区和四川省)的项目位于西南地区,17.05%(广东省和海南省)位于中国东南部,3.1%(北京市)位于中国北部(其他省份不计算在内)。结果表明该样本分布基本确保了调查结果能够涵盖全国(不包括港澳台地区)。

表 1.3　受访者的背景

特征	分类	回收数	百分比
性别	男性	107	82.94%
	女性	22	17.06%
教育水平	高中及以下	4	3.1%
	大专	12	9.3%
	本科	78	60.46%
	硕士及以上	35	27.14%
工作经验	6～10 年	67	51.94%
	11～20 年	37	28.68%
	>20 年	25	19.38%
项目规模	10 亿～30 亿元	47	36.43%
	30 亿～50 亿元	42	32.56%
	50 亿～100 亿元	17	13.18%
	>100 亿元	23	17.83%
项目地点	河南省	23	17.83%
	广西壮族自治区	19	14.73%
	江苏省	18	13.95%
	广东省	18	13.95%
	上海市	19	14.73%
	海南省	4	3.10%
	北京市	4	3.10%
	湖北省	5	3.88%
	四川省	3	2.32%
	浙江省	3	2.32%
	其他	13	10.09%

1.6 数据分析技术

1.6.1 描述性统计分析

Russo(2003)认为，除非有效地汇编从不同样本获得的原始数据，否则无法提取有用信息。描述性统计技术有助于组织、总结、简化和解释数据集(Xu, 2012)。本书采用描述性统计技术分析人口统计学和态度数据，以确定特定群体的特征，并描述变量或群体之间的异同。

1.6.2 克朗巴赫 α 检验

克朗巴赫 α(Cronbach's α)测量了问卷调查中各因素之间的平均相关性或内部一致性，同时可估计问卷集的信度(Darko, 2018)。克朗巴赫 α 值的范围从 0～1 不等，数值越高，表示问卷集的信度也越高(Santos, 1999)。一般来说，高信度问卷的克朗巴赫 α 值应该高于 0.70。克朗巴赫 α 检验常通过社会科学统计软件包(the Statistical Package for the Social Sciences, SPSS)来实现(Shen 等, 2010)。在本书中，李斯特五点问卷调查的信度将根据式(1.1)确定(Darko, 2018)。

$$\partial = \frac{k\overline{cov}/\overline{var}}{1+(k-1)\overline{cov}/\overline{var}} \tag{1.1}$$

其中，∂ 是克朗巴赫 α 系数；k 是量表题项总数；$\overline{var}$ 是题项内部平均方差；$\overline{cov}$ 是题项之间的平均协方差。当变量被标准化并与方差相同时，计算式可被简化为式(1.2)：

$$\partial = \frac{\bar{r}}{1+(k-1)\bar{r}} \tag{1.2}$$

其中，$\bar{r}$ 是题项的平均相关性。

1.6.3 均值排序

平均分排序方法已广泛应用于建设项目研究领域之中，可用于计算和对各因素的相对重要性进行排序(Shen 等，2010；Xu 等，2012)。在本书中，该方法用于确定重大工程项目成功的关键评价指标和关键成功要素的排序，计算见式(1.3)。如果两个或多个因素的平均得分相同，则标准差较小的因素将被排序在前(Mao

等，2013)。均值的显著性检验，笔者则使用单样本 t 检验在 95%置信水平下的测度，p 值为 0.05。如果 p 值低于 0.05，则应拒绝因子的无效假设(Darko，2018)。

$$B_I = \frac{\sum_{j=1}^{n} \partial_{ij}}{n} \tag{1.3}$$

式中，n 表示受访者总数；∂_{ij} 表示由受访者 j 对因素 i 重要性/关键程度的评分；B_j 是因素 i 重要性/关键程度的平均得分。

1.6.4 因子分析

因子分析是指研究从变量群中提取共性因子的统计技术(Kim 和 Mueller，1978)。通常而言，因子分析包括两种主要类型，即探索性因子分析(Exploratory Factor Analysis，EFA)和验证性因子分析(Confirmatory Factor Analysis，CFA)。EFA 本质上是探索性的，而 CFA 则用于测试所提出的理论(Williams 等，2010)。EFA 是一种强大的统计技术，已被广泛用于确定受访者对一系列问题的回答模式，并探索此类模式的基本结构(De Vaus，2001)。例如，哪些变量彼此密切相关及可观察变量和提取的潜变量之间的关系有多强等(Darko，2018)。当变量的基本结构未知、之前的研究中尚未确定和/或尚未针对特定的子群体展开时，可以应用 EFA(McNeish，2017)。建立基本结构是检验假设和构建理论的必要条件。当前，EFA 已广泛应用于建设项目管理的研究领域之中。例如，Chau 和 Long(2016)运用 EFA 确定了越南 DB 模式在项目实施阶段的关键成功因素。考虑到当前研究的探索性，宜采用 EFA 方法而非 CFA 来确定变量的基本结构。因此，在本书中，EFA 被用来分析关键成功要素的基本结构，以为后续使用结构方程模型和进一步测度重大工程项目成功奠定基础。一般而言，EFA 包括四个典型步骤(Chan 等，2004a)：①识别相关因素；②计算所有因素的相关矩阵；③提取并旋转因子；④将分组的因素解释并命名为潜在因素。

尽管如此，在应用 EFA 之前，应评估该方法用于因子提取的适当性。本书采用度量充分性的凯泽-迈耶-奥尔金检验(Kaiser-Meyer-Olkin Measure，KMO 检验)和度量适当性的 Bartlett 球形检验来确定采用因子分析的适当性。顾名思义，KMO 是抽样充分性的一种度量，它是变量之间平方相关与平方偏相关的比率(Field，2013)。KMO 值的范围为 0～1；如果 KMO 的值大于 0.50，那么则可视为令人满意的因子分析结果(Kaiser，1974；Field，2013)。Bartlett 球形检验是一种统计检验，强调变量之间存在相关性。EFA 包括因子提取和旋转。前者对于确定一组变量中潜在因素的数量是必要的，而后者对于提高潜在因素的可解释性是必要的(Norusis, 2008)。此外,本书中采用主成分分析法作为提取因子的工具,这是许多统计项目的默认方法,也是 EFA 普遍采用的方法(Williams 等, 2010)。

1.6.5 模糊集理论

模糊集理论是为了解决主观性和不确定性而建立的(Zadeh, 1965)。这种方法把待考察的对象及反映它的模糊概念作为一定的模糊集合,建立适当的隶属函数,通过模糊集合的有关运算和变换,对模糊对象进行分析(Zimmermann, 2001)。该理论主要用以应对复杂问题,现已广泛应用于许多研究和实践领域,包括建设工程和管理领域(Hu, 2013)。由于重大工程项目成功的关键评价指标的选择过程中通常会涉及专家的主观判断而具有模糊性,因此将模糊集理论应用于中国情境下重大工程项目成功的关键评价指标的研究中是合理且适当的(Hu, 2013)。

模糊集是具有不同隶属度的元素的集合(Zimmermann, 2001)。元素的隶属度由隶属函数表示,隶属函数可以在模糊决策中实现定量计算(Xia 等,2011)。Baloi 和 Price(2003)提出了一个将一组通用对象 X 映射到单位区间[0, 1]的隶属函数,可用于表示不确定性。模糊集合中的隶属度可以落在区间[0, 1]的任何地方。其中,如果隶属度落在 0 这一数值上,则表示元素就不是集合的成员;相反,如果隶属度为 1 则表示元素属于该集合(Hadipriono, 1988)。以模糊集 (A, m) 为例,其中 A 是一个集,m 是集 a 的隶属度(m: $A \rightarrow [0, 1] m$: $A \rightarrow [0, 1]$) (Xu, 2012)。对每个 $x \in Ax \in A$, $m(x)$ 被称为(A, m) 中 x 的隶属度。如果 $m(x)=0$,则 x 不包含在模糊集(A,m)中,而如果 $m(x)=1$,则 x 完全包含在该模糊集中(Xu et al,2012)。如果 $0 < m(x) < 1$,则 x 称为模糊隶属。对于有限集 $A=\{x_1, \cdots, x_n\}$,模糊集 (A, m) 表示为 $\left\{\frac{m(x_1)}{x_1}, \cdots, \frac{mx_n}{x_n}\right\}$,其中 $m(x_i)/x_i$ 代表集合 A 中的 x_i 隶属度为 $m(x_i)$。

1.6.6 基于偏最小二乘法-结构方程模型

本书中的 PLS-SEM 是一种多元统计分析技术,旨在探讨不同类型的关键评价指标和关键成功要素之间的关系对。结构方程模型包含两类变量:可观察变量和潜变量。可观察变量可以直接测量,而潜变量是无法直接使用题项进行测量的变量。结构方程模型不仅可以用来测试题项和构念中的假设,还可以通过验证性技术评估基于现象的结构假设模型(Byrne, 2013)。此外,结构方程模型可以评估一个或多个自变量和因变量之间的直接和间接关系(Darko, 2018)。并且,还可以同时确认因子和路径分析,这点与多元回归和因子分析显著不同(Xiong 等,2015)。典型的结构方程模型包括一个测量模型和一个结构模型。测量模型可以评估构念和题项之间的关系,而结构模型则用以说明构念之间的关系(Hair 等,2014b)。近年来,这种结构方程模型方法在社会科学中得到了广泛的应用,因为它有三个显著的优点:①可以测量可观测变量的误差;②试图解释模糊的构念;③估计变量之间的因果关系(Xiong 等,2015)。

结构方程模型通常包括两种类型,即基于方差和协方差的结构方程模型(the Variance- and Co-variance-based SEM, CB-SEM)。与 CB-SEM 相比,PLS-SEM 在小样本量和非正常数据情况下仍然有效(Hair 等,2014b)。CB-SEM 通常需要至少 200 个样本量,而 PLS-SEM 可以用于较小的样本量(Hair 等,2014a)。此外,PLS-SEM 在处理非正态数据时限制较小,但 CB-SEM 在处理此类数据时可能低估标准误差并放大拟合优度。这些优点使得 PLS-SEM 在建设项目管理研究中大受欢迎。例如,Zhao 和 Singhaputtangkul (2016)使用 PLS-SEM 研究了企业特征对中国建筑企业风险管理的影响,样本量仅为 35 个。Chan 等(2018)使用 43 个样本分析了加纳采用绿色建筑技术的关键障碍。由于本书中有效的问卷样本量为 129 个,且收集到的数据并不符合多元正态分布,因此,本书采用 PLS-SEM 模型来评估和验证研究假设是否恰当。

1.6.7 系统动力学方法

1. 系统动力学概述

系统动力学(System Dynamics)理论最早由麻省理工学院的 Forrester 教授(1961)于 20 世纪 50 年代末建立。该方法最早是作为一种解决工业管理中的决策问题的建模方法。系统动力学理论的建立是为了解决物理和非物理系统中固有的复杂性、非线性和反馈回路结构问题(Forrester, 1994)。该方法可用于对复杂系统的过程、信息、组织边界和策略进行定性描述和分析。同时,它有助于系统结构和控制的定量模拟和分析(Wolstenholme, 1990)。如前所述,重大工程项目成功的关键评价指标和关键成功要素在很大程度上是相互依存的,并具有复杂的相互作用。因此,采用系统动力学方法对重大工程项目成功进行分析和测度是合理的。Sterman(2002)通过说明这种方法的内容、原因、方式和范围来定义系统动力学方法。

是什么(内容):思考、可视化、共享和沟通复杂组织及未来发展的一种严谨方式。

为什么(原因)：解决问题并创建强大的设计，将“不愉快”的意外和意外后果的可能性降至最低。

怎么做(方式)：通过开发仿真模型，识别组织边界、政策和信息，并捕获物理和行为过程的相互关系，然后将用于检验替代计划和情景的总体结果。

应用范围(范围)：培养个人和团队的意识、开放性、责任感和平等的需求与价值观的框架。

总之，系统动力学是一种基于控制理论的方法。图 1.4 显示了负反馈系统的控制理论框图。该理论为建立基于计算机的仿真模型提供了基础，以执行人类大脑无法执行的操作(即复杂社会系统的交互行为)，并提供了一个可以模拟策略和进行权衡的平台(Bala 等，2017)。表 1.4 展示了 Winz 等(2009)总结的系统动力学方法的优势。

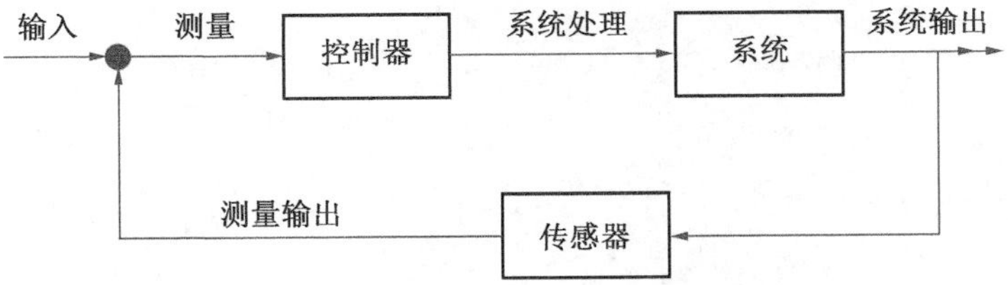

图 1.4 负反馈系统示意图(Yuan，2012)

表 1.4 系统动力学的优势(Yuan，2012)

特点	解释	描述
灵活性	应用于多项研究	多学科是指允许在模型中使用定性和定量变量，变量之间的关系可以在较大范围内定义
		支持多重项目目标
易于使用和修改	易理解性、透明度和适应性	通过更改模型中的结构、参数和数据，用户可以轻松熟悉建模和仿真模型
		透明性可以在开发过程和模型输出实验期间实现
		用户可以使用成熟的计算机软件(如 i-Think、Vensim、Stella)，无须编程。软件支持各种版本的输出，如表格、图形和图表
		参数在模拟之前不需要固定，而是可以调整的
不间断测试和学习	预先观察、测试和学习、利益相关者参与	模拟可用于不同的假设测试和参数敏感性分析
		模型开发过程可以实现可视化，以促进不同利益相关者的理解，从而有助于建立利益相关者之间的团队学习、信任和接受度

2. 系统动力学中的要素

因果循环图是用以说明系统反馈结构的重要工具。该图具有三种重要的功能,包括快速捕获有关动力学原因的假设,勾勒个人或团队的心理模型,以及显示有助于解决已识别问题的重要反馈(Sterman, 2000)。因果循环图还包括通过箭头连接的关键变量,箭头表示变量之间的因果影响。图 1.5 展示了使用 Vensim Ple 软件绘制的因果循环图示例。

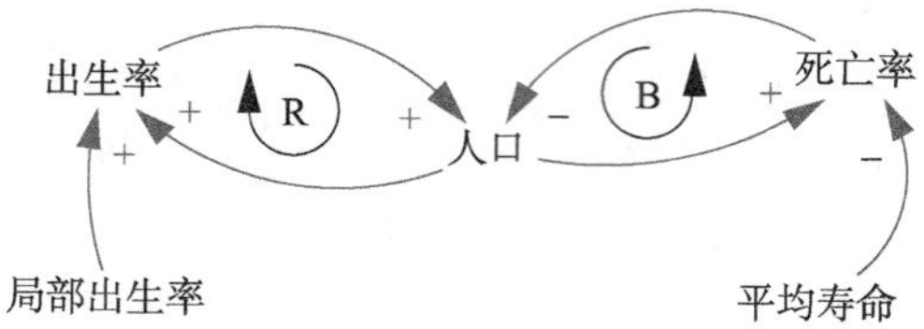

图 1.5 因果循环图示例

如图 1.5 所示,出生率由两个变量决定:人口和局部出生率。每个箭头以极性表示(即正极(+)或负极(−)),以显示自变量变化时因变量如何变化(Sterman, 2000)。正极意味着,如果该变量增加/减少,则其影响增加/减少。相反,负极意味着如果该变量增加/减少,则其影响减少/增加。此外,重要回路被突出显示,以表明该回路是正反馈回路(R 表示)还是负反馈回路(B 表示)。构建因果循环图应该遵循七个步骤:①定义问题和目标;②确定系统中的第一变量;③确定系统中的第二变量;④确定系统中的第三变量;⑤定义变量间的因果关系;⑥识别闭合回路;⑦识别正反馈和负反馈回路(Bala 等,2017)。

尽管因果图能够表示相互关系和反馈过程,但它无法捕捉系统的存量和流量结构(Sterman, 2000)。存量在构建系统动力学模型方面至关重要,原因有四个(Mass, 1980):①存量描述了系统的状态并为系统行为提供了基础;②存量为系统提供了惯性和记忆;③存量是延迟的来源;④存量解释了流量并创造了不平衡动力学。

1) *存量*

系统动力学模型的第一个基本元素是存量,它描述了系统在任何特定时间的条件或状态。图 1.6 展示了一个存量和流量图示例。

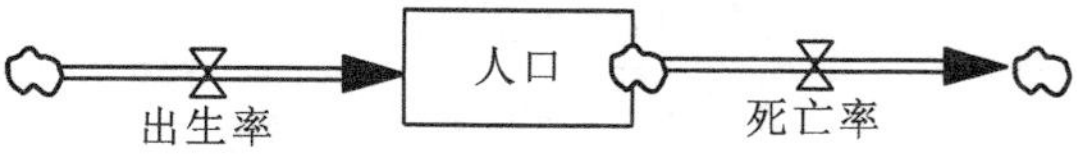

图 1.6 人口存量流量图

在图 1.6 中,人口这一变量即被称为存量变量,并用矩形方框表示,类似于盛装存量内容物的容器。出生率是一个流入变量,描述成一根指向存量的管子,而死亡率是一个流出变量,表示成一根背离存量的管子。存量(人口)可定义式(1.4):

$$人口(t)=\int_{t_0}^{t}[出生率(s)-死亡率(s)]\,ds+人口(t_0) \tag{1.4}$$

其中,出生率(s)表示初始时间 t_0 和当前时间 t 之间任意时间的出生率值。出生率的导数是存量变化的净值,即流入值和流出值之间的差值(1.5)。

$$\frac{d(存量)}{dt}=出生率(t)-死亡率(t) \tag{1.5}$$

2) 流量

系统动力学建模中的第二个关键要素是流量,它显示了存量变化的速度。图 1.7 显示了流量变量的示例,其中涉及人口存量的流入(出生率)和流出(死亡率)。如图所示,出生率取决于人口和出生率,而死亡率取决于人口和死亡率。

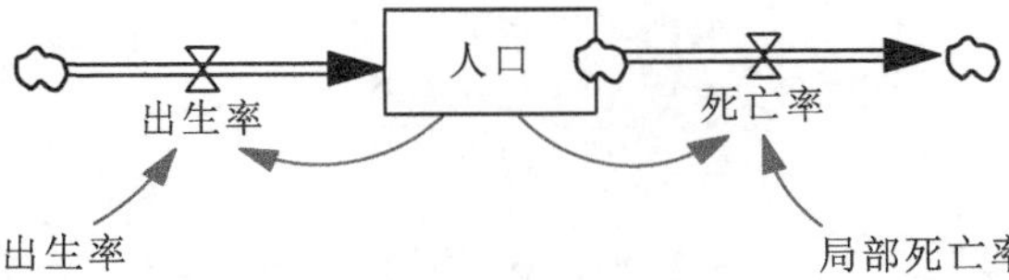

图 1.7 显示人口存量流量的流程图

相应地,流入变量和流出变量可由式(1.6)和式(1.7)描述如下。

流入: $$出生率=人口\times \text{Birth fraction} \tag{1.6}$$

流出: $$死亡率=人口\times \text{Death fraction} \tag{1.7}$$

3. 系统动力学的建模步骤

系统动力学建模通常包括五个步骤:问题识别、系统描述、模型构建、模型验证和情景分析(图 1.8)(Yuan 等,2012; Yuan, 2011)。

1) 问题识别

要建立系统动力学模型,第一步是识别和定义现实世界中的实际问题。在这一阶段,最重要的是弄清楚"问题是什么,以及,为什么它是一个问题"(Sterman, 2000)。在此阶段,应完成三项主要任务,包括确定管理中的问题、说明模型的目的和确定模型的边界。

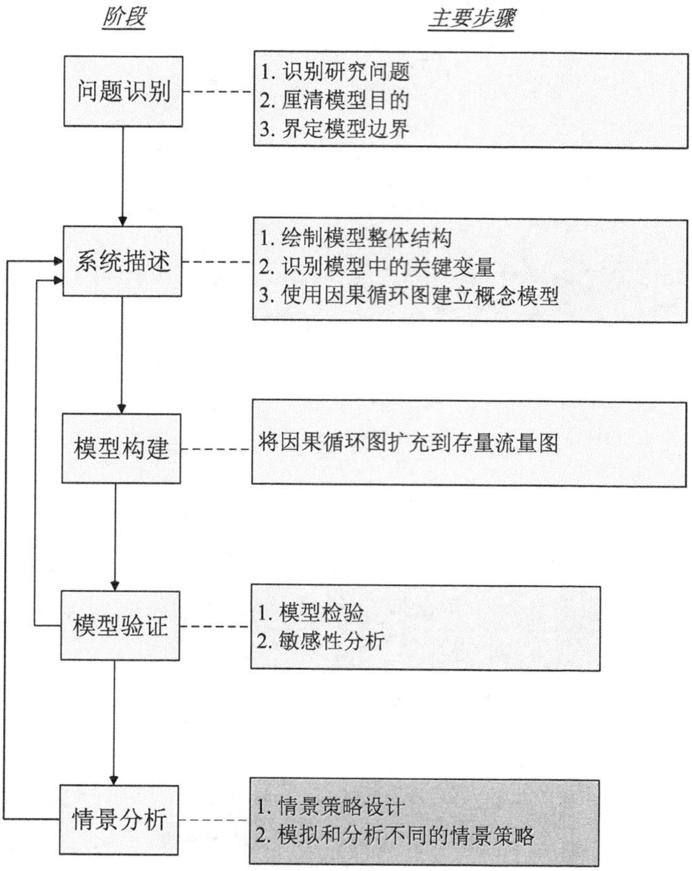

图 1.8　系统动力学建模的主要步骤(Yuan, 2011)

2）系统描述

应确定所有关键变量,并将其囊括在模型中。研究人员识别出可以显著影响系统行为的关键变量。根据模型的总体结构和确定的关键变量,研究人员即可通过因果循环图进行系统描述(Coyle, 1996)。

3）模型构建

在上一步骤中,因果循环图为决策者解决问题提供了定性视角。在此步骤中所建立的存量流量图,则可便于进行定量分析。因果循环图和存量流量图是同一模型的两个不同版本,这两个图最明显的区别之一是,前者用箭头和文字进行描述用以建立一个概念框架,帮助使用者理解所构建的模型(Coyle, 1996)。

4）模型验证

系统动力学建模中建立置信度的两个重要概念是测试和验证。验证是对模型的可靠性和有用性进行检验的过程，而测试指的是评估构建的模型应用于实际情况的可行性(Bala 等，2017)。在模型建立之后应该进行一系列测试，以评估模型是否合适且合理，从而建立对模型的置信度(Sterman，2001)。首先，对模型进行测试，以确保模型中的所有变量在现实世界中都是合理和有意义的。其次，以评估其是否符合实际情况。最后，以确保模型在极端条件下也能够产生合理的行为，系统动力学建模中的测试可分为三类：结构、行为和政策意义的测试，其中，结构和行为模式测试是基本内容。

5）情景分析

一旦模型的结构和行为得到验证，便可以运行所构建的模型，进一步制定和模拟用以改进系统的管理政策。

第 2 章

文献综述及理论基础

本章首先分析了项目成功、重大工程概念及重大工程项目成功的内涵与研究现状，随后借助主题分析法对重大工程项目成功的评价指标与关键成功要素进行了系统综述和识别。本章主要解决了两个问题：其一，分析了项目成功与重大工程项目成功的研究现状，识别出当前研究的不足，为研究问题的提出及研究设计奠定了坚实的理论基础。其二，通过系统性综述构建出重大工程项目成功的评价指标和关键成功要素的理论框架，作为后续问卷设计及整个研究的总体指导。

2.1 重大工程相关概念

2.1.1 重大工程的定义

“重大工程”(megaproject)一词目前并没有统一定义。Flyvbjerg(2014)将其定义为“通常耗资超过 10 亿美元，需要多年建成，涉及众多利益相关者，并会影响数百万人的大规模、巨大的投资项目”。在其英文术语中，“mega”词缀可表示“伟大、巨大、广阔、高大、强大或重要”之意。若作为一个计量单位，“mega”指的是 100 万。换言之，如果使用经济学方面的计量单位来衡量，则重大工程将是百万美元级别的项目(Flyvbjerg, 2017)，“重大工程”一词首次于 1976 年开始使用(Flyvbjerg, 2017)。根据现有研究，“mega project”“megaproject”等英文单词与“mega-project”同义，均可代表重大工程，例如 Garemo 等(2015)在论文中使用了“megaproject”一词，Giezen 等(2015)和 Zhai 等(2009)分别在其研究中采用了“mega project”与“megaproject”一词。此外，现存研究中也会使用“Giga”“Tera”和“Peta”等词表示比重大工程更大的项目(Flyvbjerg, 2014)。Li 等(2018a)指出，当前一些词汇在文献中也可体现重大工程之意，需要结合具体的语境加以甄别和分析，它们包括“巨型项目”(major projects)、“复杂项目”(complex projects)、“大型项目”(large-scale projects)、“大型项目”(large projects)、“公共工程项目”(public works projects)、“交通基础设施项目”(transportation infrastructure projects)、“公共建设项目”(public construction projects)、“巨项目集”(Tera, Giga, giant project and program)等(Cantarelli, 2011; Hogle 和

Moberg，2014；Hu 等，2016；Volden 和 Samset，2017）。但是，不可将重大工程简单理解为规模大或投资（额）高的项目。Sykes（1998）明确指出了能够将重大工程与其他大规模但不太复杂的项目区分开来的 9 个特征。分别是：①项目规模和多个业主存在的可能性；②由于潜在（不利）的社会、经济、政治和环境影响而导致的公众反对；③时间跨度长，包括决策、设计、融资和建造等阶段；④位于偏远/荒凉的地区；⑤由于对劳动力和供应商的需求而导致市场不稳定的可能性；⑥巨大的风险；⑦融资困难；⑧（现有）经验不足；⑨专业技术方面的挑战或风险。

从重大工程实践出发，摒除传统的项目规模、成本和工期角度，一些研究者开始从项目复杂性的视角阐述重大工程。例如，Caldas 和 Gupta（2017）指出，重大工程可以被定义为涵盖以下任何一个复杂性标准的项目，包括利益相关者众多、界面繁多、具有挑战性的项目位置、资源不足、全新的技术、潜在的监管限制、地理和文化上分散的团队，以及重大的制度影响。此外，不同的社会、经济和文化环境可能会导致重大工程的不同定义。美国联邦公路管理局将重大工程定义为“耗资超过 10 亿美元的重大基础设施项目，或因其对区域产生重大直接或间接影响而引起公众高度关注或兴趣的重大投资项目”（Greiman，2013b）。因此，有时重大工程也可以被概括为“有形的、极其昂贵的和公共的举措”（Altshuler 和 Luberoff，2003）。在中国，国家级重大工程通常是指由国家发展和改革委员会批准的政府资助项目，且总投资额超过 50 亿元人民币。Hu 等（2015b）指出，参照别国的常见做法，可以将 GDP 的 0.01%视为定义重大工程的合理标准。地区层面上，例如上海市政府，将重大工程定义为用以提升公共服务能力，推动经济社会发展和促进社会民生改善，具备一定规模，经市人民政府审核同意，提请市人民代表大会审议通过，正式纳入本市国民经济和社会发展计划的项目。

2.1.2　重大基础设施工程的定义

Sheng（2018）指出，重大工程可分为三种类型，即重大科技工程项目、重大军事和国防工程项目以及重大基础设施工程项目。重大科技工程项目是指以探索科学规律或实现重大技术突破为主的项目，如材料微观结构研究项目。重大军事和国防工程项目旨在研究和开发武器和军事装备，例如由美国开发的国家导弹防御系统是当前最具有代表性的重大军事和国防项目之一。重大基础设施工程项目是指为了人们的生活和社会生产需求而提供的永久性建筑、设备、设施和服务。这种类型的重大工程主要目的是改善人们的生活，促进社会发展。本书中所述的“重大工程”就是指重大基础设施工程。

相对而言，重大基础设施工程项目与人们的日常生活更为密切。虽然此类项目没有标准的定义，但可以采用以下六条重要特征作为对其定义的描述（Sheng，2018）。

（1）通常情况下，政府或国家是这类项目的主要投资者和决策人。换言之，政府或国家往往在决策、规划和建设过程中发挥着主导作用，例如决定某项目是否应该得到资助（Cairns，2004）。

（2）此类项目一般具有巨大的建设规模。以三峡大坝为例，该重大工程的总投资额为 3 320 亿元人民币，总工期为 17 年（Wang，1999）。

（3）重大工程往往处于复杂的环境条件中。例如，青藏铁路的主要建设部分（图 2.1）就位于具有“世界屋脊”之称的青藏高原（Sun，2005）。

图 2.1　青藏铁路

（4）重大工程的特点之一是对区域或国家层面的社会和经济发展产生巨大而深远的影响（Flyvbjerg，2007）。

（5）此类项目通常有很长的生命周期。导致这种现象的原因是多方面的，包括巨大的建设规模、复杂的建设条件、从最初设计到最终完成所需的长生命周期等。

（6）在重大工程的实施过程中，涉及多种伙伴关系（Sheng，2018）。

综上，在本书中，重大工程主要是指基础设施类重大工程项目且总投资额在 10 亿人民币以上（如大型桥梁、城市地铁、高速公路铁路、大型文化体育场馆设施等），具有较高的建设复杂性和风险性，工期较长，参与人员众多，对所在地区乃至国家的经济、技术、环境和居民生活有重大及广泛影响的一类建设项目（Zheng 等，2019）。

2.1.3　重大工程的绩效表现

近几十年来，尽管全球范围内的重大工程投资和建设迅速增加，但管理绩效并不能令人满意。Merrow（2011）的研究显示，如果在运营阶段按照进度、预算和效益 3 个指标对 318 个重大工程进行综合评估，那么大部分项目都被认为是失败的。同样，根据 Flyvbjerg (2017) 的研究结果，10 个重大工程中会有 9 个出现严重的成本超支问题，并将这种“高投资低收益”的不良绩效表现首次定义为“重大工程悖论”(the so-called megaprojects paradox)。

图 2.2 展示了全球 22 个重大工程的超支率，该数值高达 140%。由此看来，重大工程的超支是普遍的国际现象，发展中国家比发达国家更为严重(Flyvbjerg 等，2003)。例如，表 2.1 所展示的即是中国大型桥梁典型项目的成本超支统计。

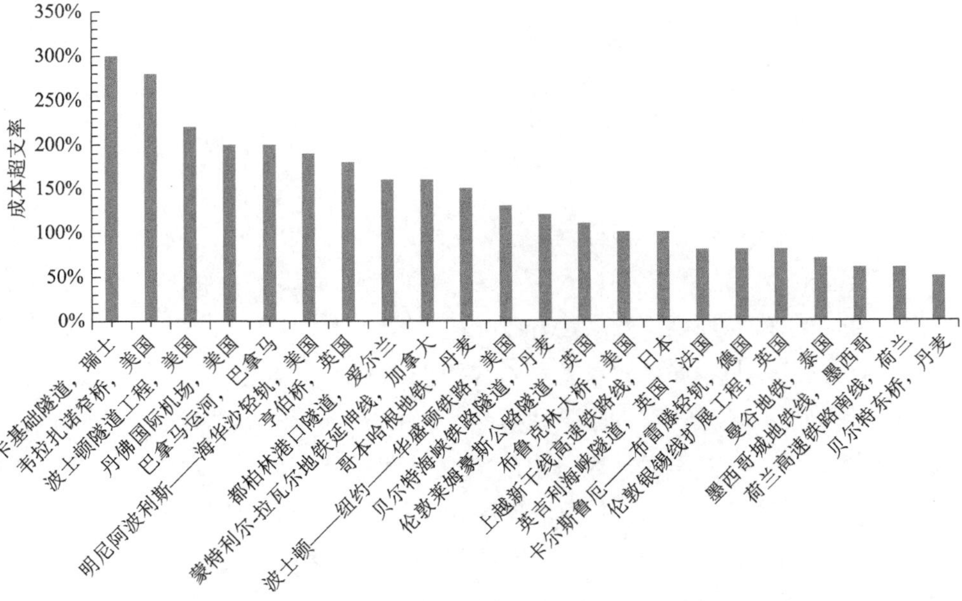

图 2.2 全球 22 个重大工程的超支率(Flyvbjerg, 2017)

表 2.1 中国大型桥梁项目的典型成本超支案例(Sheng, 2018)

(亿元人民币)

序号	项目名称	估算	预算	最终成本	成本超支率
1	琅岐闽江大桥	19.60	—	22.56	15.10%
2	矮寨大桥	7.20	—	15.00	108.33%
3	江阴大桥	—	20.87	27.30	30.82%
4	泰州大桥	89.90	—	93.70	4.23%
5	胶州湾大桥	—	90.40	100.00	10.62%
6	杭州湾跨海大桥	—	117.60	134.50	14.37%

（续表）

序号	项目名称	估算	预算	最终成本	成本超支率
7	嘉绍大桥	—	62.50	63.50	1.60%
8	厦漳大桥	30.00	—	47.10	57.00%
9	龙江大桥	—	14.60	18.00	23.29%
10	马鞍山长江大桥	—	60.00	70.80	18.00%
11	南浦大桥	—	14.00	21.50	53.57%
12	徐浦大桥	7.30	—	20.00	173.97%
13	杨浦大桥	13.20	—	14.53	10.08%
14	东海大桥	—	70.00	110.00	57.14%

注："—"指无法获取。

与成本超支类似，工期延误也是在重大工程中极为常见的问题。当前，部分学者已经研究了重大工程陷入成本超支和工期延误困境的原因。Flyvbjerg (2014)指出了四点原因，包括：①技术因素，即项目设计不佳、不确定性和组织结构不当；②心理因素，如认知偏差和对风险的谨慎态度；③低估成本，主要是由战略性误报引起的；④融资/合同管理不善。其中，对成本的低估和心理方面被认为是主要的原因。国内学者认为在中国情境下有三个主要原因导致成本超支与工期延误：①变更；②土地使用、房屋拆除和安置的补偿和其他费用的增加；③商品价格的上涨(Wang 等，2008)。此外，项目环境(Locatelli 等，2017b)和项目复杂性(Bjorvatn 和 Wald，2018)也可能与重大工程项目管理绩效密切相关。

2.2 项目成功与重大工程项目成功

2.2.1 项目成功定义

虽然从 20 世纪 80 年代起，项目成功的概念就被学者广泛关注，但由于"成功"是一个相对模糊、范围广泛、多维度的概念，因此导致项目成功的概念很难被统一定义，其定义必须与特定的背景相关联(Ika，2009)。例如，Ika (2009)和 Tuman (1986)指出，充分利用资源与实现预期目标即可被视为一个成功的项目。Pinto 和 Slevin (1987)则认为，成功的项目必须满足至少四个要求：按期完成、在预算内完成、完成所有计划的目标及客户对结果的认可。Ashley 等(1987)认为，如果一个项目的结果，包括其成本、进度、质量、安全和项目参与者的满意度，且都优于预期的目标，那么该项目就可以被视为成功。Cooke-Davies (2002)进行了系统的研究工作，确定并区分了项目成功的三个“层次”，第一个层次是项目管理的成功，其目的是回答“项目是否被正确地完成?”。在以往的研究中，这是项目成功的首要衡量，主要的指标包括时间、成本和质量，通常被称为“铁三角”(Pinto 和 Morris, 2004)。

1. 项目管理成功——项目是否被正确地完成

这一层级是在项目管理领域实践导向文献中占主导地位的成功测度方式。在项目管理者的传统观念中，它是指对项目的进度、成本和质量进行管理。而事实上，项目的目标很少会如此简单。常见情况下，项目是企业商务的一环，有一定数额的总利润目标；项目可能设有职工健康、安全和环保方面的目标；如果该项目是技术型项目，或者是新产品开发的平台，那么还会存在科学技术方面的目标。然而，项目的总体原则很简单，即努力交付出满足各方面目标约束的项目成果。一旦有任何变动产生(可能源于任何一项工作所固有的不确定性)，便需要视情况采用项目风险管理、项目变更控制等方法加以应对。一般来说，在这个层面上，成功的原则很简单，即交付项目，使其在项目约束范围内达到目标。然而，这可能并不能说明项目管理成功的全部内容。因此，有必要进入项目成功的第二个层次，即回答“是否完成了正确的项目?”的问题。

2. 项目成功——是否完成了正确的项目

Wit (1988)首先区分了项目成功和项目管理成功的概念。这个层次的项目成功被指出是业主、开发商或赞助商最受青睐的层级之一。通常情况下，它是对“资金价值”的测度(Pinto 和 Morris, 2004)。只有当项目成功地实现了利益相关方等人和组织最初同意实施该项目时所设想的收益，该项目才可以被称为是成功的。当前，“预期收益”不仅成为项目评价中正式的“阶段临界值”标准，还可以作为项目业主、赞助商(发起人)或高层领导对各项目成功可能性进行持续性非正式评估的标准，进而影响他们关于项目优先级和资源分配的决策。相比于第一层级，第二层级有三个显著特征。

第一，如图 2.3 所示，收益并非由项目管理者或项目团队实现，而是需要由一系列运营管理措施产生，这就要求项目团队和赞助商、顾客、用户之间达成密切的合作。因此，相比项目管理成功，对项目成功的讨论需要涉及与组织内更广范围的对话。

第二，实现项目成功必然比实现项目管理成功更加困难，因为它不可避免地涉及“二阶控制”(目标与方法同时具有变化倾向)，这就要求在运用实现项目管理成功的措施之外再增加一系列企业流程加以控制。

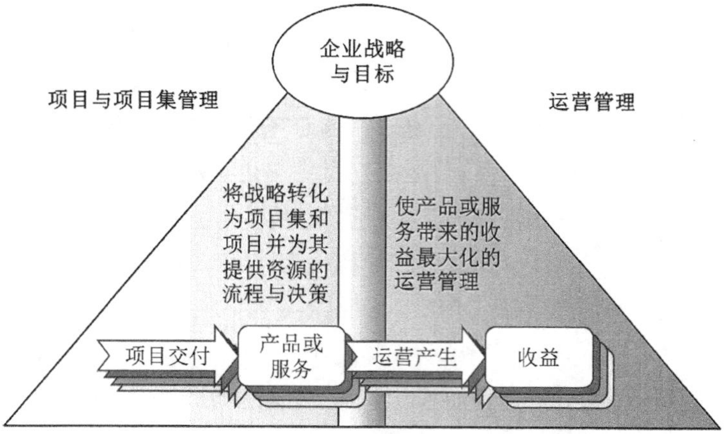

图 2.3 实现“项目成功”所同时涉及的项目管理与运营管理

第三，无论是通过财务收益进行定量测算，还是通过更加模糊的方式加以定性分析，项目成功的程度都不太可能在项目自身生命周期范围内明确。

根据这三个特征，项目成功本身的确是一个可以构成项目成功标准的层级。但是，没有迹象表明项目成功是建立成功标准的“更好”水平。项目成功和项目管理成功对于任何项目而言都是至关重要的。如果一个项目实现了项目成功而没有实现项目管理成功，那么必然能够得出该项目本可以实现更多收益的结论。同样地，如果一个项目实现了项目管理成功而没有实现项目成功，那么项目业主或赞助商就未能获得项目原先所设想的收益。下一个层次是持续的项目成功，它主要是回答“是否每一次都能正确地完成正确的项目？”。

3. 持续性项目成功——是否每一次都能正确地完成正确的项目

当我们的焦点从项目管理成功转向项目成功，再转到持续性项目成功，一套崭新的标准开始发挥作用，正如不同利益相关方所判断的那样。项目是所有组织实现其业务变更的方式，也是某些组织将利益传递给其利益相关方的途径。因此，持续实现每个项目的项目成功和项目管理成功，是所有在市场中竞争稀缺资源（例如顾客、资金）的组织都感兴趣的内容。在这一层级，对持续性项目成功实现程度的讨论涉及整个组织，所以不可避免地会受到组织战略选择的影响。对于运营驱动型组织（例如金融服务公司或大批量制造商）来说，全面有效的信息技术开支、新产品开发等领域的持续性项目成功能够带来竞争优势。对于以项目为基础的组织（例如工程承包商、国防供应商、交钥匙型信息系统供应商）来说，持续性项目成功能够带来利润的增长。在这两种情况中，正如组织整体工作量以项目数量增长的形式体现出来那样，组织战略价值的提升以持续性项目成功为前提。

持续性主要是指在稀缺资源的市场中具有竞争力，例如客户（Pinto 和 Morris，2004）。提出项目成功的定义对研究人员来说似乎是一个巨大的挑战。然而，可以用其他概念来构建项目成功的框架，如效率和效益（Ika，2009）。效率是指“把事情做对”，或者以一定数量的投入或资源实现最大的产出；而效益是指“做正确的事情”，或实现项目目标。因此，项目成功与项目的效率和效益是相对应的（Belout，1998）。

2.2.2 重大工程项目成功的定义

重大工程项目成功与一般的普通项目还是存在很大的区别，这是因为重大工程与普通项目在项目愿景、交付时间、复杂性和利益相关者参与程度方面完全不同（Flyvbjerg，2014）。在评估此类项目时，有必要从更广泛的角度来看待项目的成功（Söderlund 等，2017）。因此，仅仅运用“铁三角”指标作为评估重大基础设施项目的标准是不够的（Lehtonen，2014）。例如，与普通项目相比，在现有文献中，重大工程项目成功的主要特征之一是它对社会产生的巨大影响。Shenhar 和 Holzmann（2017）认为，该指标可以将重大项目和普通项目区分开来。这是由于重大基础设施工程往往包含一定的战略意图，而其中通常就包括了社会和谐（Yan 等，2018）。社会和谐主要是从满足政府和公众的角度来审视成功与否。对于这类项目，项目负责人和团队希望投入更多的资源来维持与社区的和谐关系，而不是只关注经济效益的最大化，这反过来可以提高企业的声誉，从而增加未来的商业机会（Yang 等，2018）。社会和谐的另一个原因可能是由项目目标和愿景所决定的。例如，青藏铁路的修建在一定程度上是以促进民族团结和社会稳定为项目愿景的（Li 等，2018b）。

关于重大工程项目成功的研究仍然十分有限，目前还没有关于重大工程项目成功的标准化定义（He 等，2021）。类似于对重大基础设施工程项目的描述性定义，He 等（2021）提出了 5 大维度框架，可以作为重大工程项目成功的描述性定义，包括：①项目效率和效果；②关键利益相关者的满意度；③组织战略目标；④促进建筑及相关产业的创新与发展；⑤对社会的综合影响。

2.2.3 项目成功的研究现状——基于文献计量分析

1. 综述中所涉及的研究方法

1）目标文献的选取

首先，笔者通过 Web of Science 和 Scopus 数据库在建设工程和管理领域进行了相关文献的全面探索(图 2.4)。基于前文中项目成功的定义,我们将所选数据库中标题/摘要/关键词中包含的“成功(success)”与“项目(project or projects)”、“成功(success)”与“项目管理(project management)”、“成功的(successful)”与“项目管理(project management)”作为检索关键词进行限定以检索合适的论文。由于 Web of Science 和 Scopus 数据库可能没有收录建设工程和管理领域的所有论文,例如 Project Management Journal,作为建筑项目领域最受欢迎的期刊之一,有部分年份并未被所选定的数据库收录;因此,我们也采用了 EBSCO 数据库进行补充,以确保能够检索到 2007—2017 年内的相关主题论文。经过初步检索,共确定出 263 篇期刊论文,通过认真阅读摘要及关键词,最终筛选出 164 篇符合本书主题的期刊论文。本书中确定的 2007—2017 年的文章见附录 A。

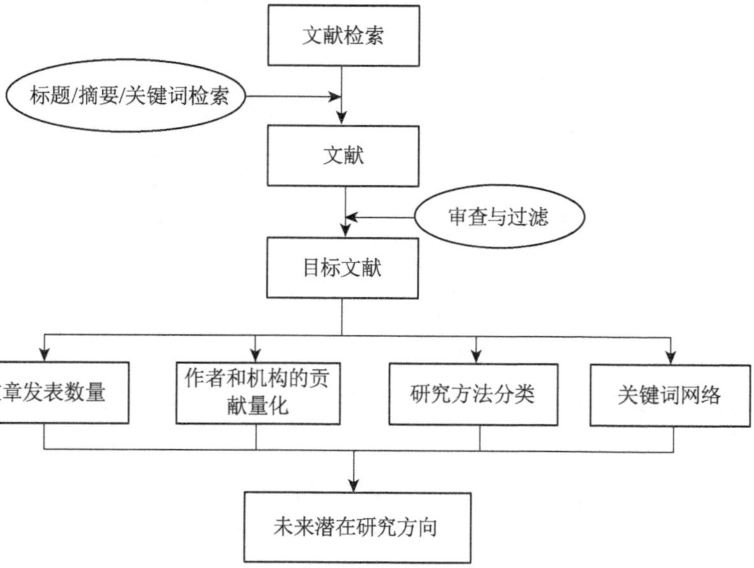

图 2.4 文章研究框架

2) 作者和学术机构的贡献量化

对主要作者的贡献进行量化是一种传统的综述研究内容。通常而言,量化广泛采用的公式是由 Howard 等(1987)所提出,即对一篇多作者的论文中来自不同国家(或地区)和研究所(或大学)的作者贡献进行评分,如式(2.1)所示。当前,已经有学者将该公式用于建筑和拆除垃圾的管理综述(Yuan 和 Shen, 2011)以及建筑期刊的合作研究趋势方面(Hong 等,2012)。因此,该公式在量化作者和机构贡献方面具备适用性和可靠性。基于此计算公式,根据每篇文章中的作者及其所在机构的排序，以量化作者及其所属机构的贡献。

$$得分=\frac{1.5^{n-i}}{\sum_{i=1}^{n}1.5^{n-i}} \tag{2.1}$$

式中，n 表示论文中作者的数量；i 为具体作者的顺序。

表 2.2 则是计分矩阵。

表 2.2　多作者文章的计分矩阵

作者总数	特定作者的排序				
	1	2	3	4	5
1	1.00	—	—	—	—
2	0.60	0.40	—	—	—
3	0.47	0.32	0.21	—	—
4	0.42	0.28	0.18	0.12	—
5	0.38	0.26	0.17	0.11	0.08

3）关键词网络的建立

本部分主要采用书目共现分析系统（BICOMB）2.0 软件进行研究。具体就是计算所选关键词的频率（也叫出现率），然后根据频率对关键词进行排序。具体步骤如下：

（1）用 BICOMB 软件建立一个共词矩阵，对一篇论文中出现的两个关键词的频率进行量化。最初，笔者提取了 447 个关键词。然后，笔者对共词矩阵中的一些类似关键词进行了合并。表 2.3 显示了得出的关键词及频率。

（2）使用社会网络分析软件 UCINET v6.415 软件和共词矩阵来建立关键词网络并使之可视化。

（3）为了实现现有学术论文对关键词的使用强度和关注度的可视化，笔者通过 SPSS 的多维标度表（Multi-Dimensional Scale，MDS）来显示讨论最频繁的关键词。

表 2.3　高频关键词

频率	关键词	频率	关键词
51	项目成功	6	结构方程模型
48	关键成功要素	5	采购
32	项目管理	5	项目治理

（续表）

频率	关键词	频率	关键词
25	PPP	5	因子分析
17	项目成功因素	5	项目绩效
14	建设项目	5	香港
8	成功指标	5	利益相关者
8	中国	5	马来西亚
8	建造业	4	主成分分析
6	建造		…

2. 结果的讨论和分析

1）发表论文的数量

图 2.5 展示了建设工程和管理领域中与项目成功相关的期刊论文年度发表数量，可以看出，2007—2017 年，发表趋势大体呈现逐渐增加的态势。其中 2016 年发表的数量最多(29 篇)，约是 2011 年(14 篇)和 2012 年(14 篇)的 2 倍。表 2.4 则显示了 2007—2017 年间发表相关论文数量最多的前十位期刊，包括 *International Journal of Project Management* (IJPM)、*Journal of Management in Engineering* (JME)、*Journal of Civil Engineering and Management* (JCEM - 1)、*Journal of Construction Engineering and Management* (JCEM-2)、PMJ 、*Construction Management and Economics* (CME)、*Construction Economics and Building* (CEB)、*Build Environment Project and Asset Management* (BEPAM)、*International Journal of Construction Management* (IJCM) 和 *International Journal of Managing Projects in Business* (IJMPB)。如表 2.4 所示，项目成功相关论文(共 88 篇)仅占前十名期刊论文总数的 1.4%。排名前五的期刊(IJPM、JME、JCEM - 1、JCEM-2 和 PMJ)在过去十年中发表的文章最多(分别为 27、13、9、8 和 8)，占到了在前十名期刊总计发表的 88 篇项目成功论文的 74%。在这些期刊中，IJPM 发表了 27 篇文章，占所有入选论文近 31%，占比最高。此外，该研究主题仅占前十名期刊论文总数的 1.4%(表 2.4)，而 IJPM(2.3%)、JME(2.2%)、PMJ(2.1%)和 CEB(2.1%)的项目成功论文发表率均高于 2%，这说明这四种期刊发表的目标论文多于平均值。值得注意的是，虽然 CEB 的发表数量只有 5 篇，但按照发表相关主体论文的比率，则可排名第三。这表明，CEB 也可以被认为是获得最高价值相关论文的一个重要来源。

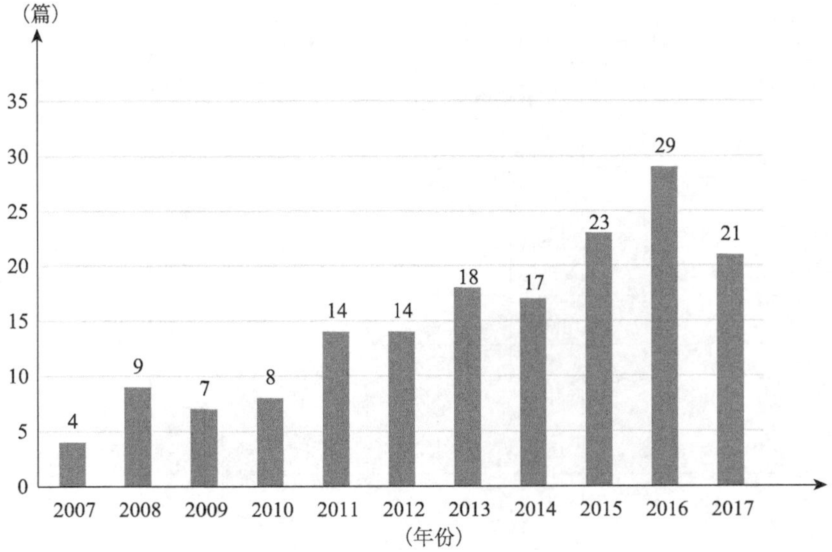

图 2.5　2007—2017 年在建设工程和管理领域中的项目成功相关期刊论文的年度发表数量

注：2017 年数据截至 10 月。

表 2.4　建设工程和管理领域中发表项目成功论文的前十大期刊

	2007	2008	2009	2010	2011	2012	2013	2014	2015	2016	2017	合计
所选期刊	435	455	473	516	525	576	643	662	691	755	672	6 403
项目成功文献数	2	7	3	1	8	6	9	7	18	14	13	88
比率	0.5%	1.5%	0.6%	0.2%	1.5%	1.0%	1.4%	1.1%	2.6%	1.9%	1.9%	1.4%
IJPM	84	84	80	79	96	82	100	126	150	147	126	1 154
项目成功文献数	0	2	1	0	3	0	2	3	9	2	5	27
比率	0	2.4%	1.3%	0.0	3.1%	0.0	2.0%	2.4%	6.0%	1.4%	4.0%	2.3%
JME	24	28	24	24	27	46	52	73	117	92	87	594
项目成功文献数	0	1	0	0	2	0	1	0	3	3	3	13
比率	0.0	3.6%	0.0	0.0	7.4%	0.0	1.9%	0.0	2.6%	3.3%	3.4%	2.2%
JCEM-1	37	36	41	65	57	88	99	83	92	101	91	790
项目成功文献数	0	0	1	0	0	1	2	1	3	0	1	9

（续表）

	2007	2008	2009	2010	2011	2012	2013	2014	2015	2016	2017	合计
比率	0.0	0.0	2.4%	0.0	0.0	1.1%	2.0%	1.2%	3.3%	0.0	1.1%	1.1%
JCEM-2	109	103	132	131	127	151	170	153	109	175	181	1 541
项目成功文献数	1	1	0	1	0	2	1	0	0	1	1	8
比率	0.9%	1.0%	0.0	0.8%	0.0	1.3%	0.6%	0.0	0.0	0.6%	0.6%	0.5%
PMJ	12	39	30	35	36	36	36	36	42	55	27	384
项目成功文献数	0	2	1	0	1	1	1	0	0	1	1	8
比率	0.0	5.1%	3.3%	0.0	2.8%	2.8%	2.8%	0.0	0.0	1.8%	3.7%	2.1%
CME	101	94	90	91	85	65	70	75	57	57	41	826
项目成功文献数	1	1	0	0	2	1	1	0	0	0	0	6
比率	1.0%	1.1%	0.0	0.0	2.4%	1.5%	1.4%	0.0	0.0	0.0	0.0	0.7%
CEB	10	11	12	19	25	28	35	28	27	26	19	240
项目成功文献数	0	0	0	0	0	0	0	0	3	1	1	5
比率	0.0	0.0	0.0	0.0	0.0	0.0	0.0	0.0	11.1%	3.8%	5.3%	2.1%
BEPAM	0	0	0	0	14	15	17	24	29	36	38	173
项目成功文献数	0	0	0	0	0	0	0	0	0	3	1	4
比率	0.0	0.0	0.0	0.0	0.0	0.0	0.0	0.0	0.0	8.3%	2.6%	2.3%
IJCM	14	12	17	22	20	21	23	23	28	25	23	228
项目成功文献数	0	0	0	0	0	1	1	0	0	2	0	4
比率	0.0	0.0	0.0	0.0	0.0	4.8%	4.3%	0.0	0.0	8.0%	0.0	1.8%
IJMPB	0	35	34	36	38	44	41	41	40	41	39	389
项目成功文献数	0	0	0	0	0	0	0	3	0	1	0	4
比率	0.0	0.0	0.0	0.0	0.0	0.0	0.0	7.3%	0.0	2.4%	0.0	1.0%

注：*JCEM-1* 指 *Journal of Civil Engineering and Management*；*JCEM-2* 指 *Journal of Construction Engineering and Management*.

2) 作者/区域的贡献

一个国家或地区的学术论文数量可以反映该地区学术和工业实践的进展程度。因此,分析国家或地区的(学术)贡献是必要且有意义的,可以更好地了解当前特定领域的学术与实践发展(Hong 等,2012)。如前所述,笔者根据每位作者的排序得分来计算其产生的贡献。在计算过程中,某区域内所有研究人员所得的数值之和,即作为该地点的最终得分。此外,倘若某位作者所属两个来源地或单位,那么该作者的贡献得分将被均分,此举也是目前公认的做法。

表 2.5 列出了统计的所有期刊论文的所属研究机构、来源国/地区涉及的研究人员的数量,涉及的论文总数,以及最终得分。表中显示,中国香港是建设工程和管理领域项目成功论文的最大贡献者;在 2007—2017 年期间,项目成功论文共涉及 23 名研究人员所发表的 22 篇文章,算得总分为 14.38 分。此外,如果按照涉及的研究人员数量排序,前 4 位分别为中国香港(23)、马来西亚(15)、中国台湾(10)和澳大利亚(10),约占 63%。同时,中国香港(22 篇)、澳大利亚(8 篇)、马来西亚(6 篇)和中国台湾(5 篇)也是该领域内发表项目成功论文排名前 4 的国家/地区,占比近 67%。虽然有 5 个发展中国家/地区的研究机构上榜(马来西亚、伊朗、印度、泰国和南非),但他们只占发表论文的 30%。在很大程度上,这表明与其他发展中国家或地区(如中国)相比,这些地区的项目成功问题仍是一个值得关注的研究话题。与此同时,由于发展中国家被视为未来基础设施投资的巨大市场,因此,这些国家更应该加强对项目成功的研究工作。

表 2.5　已发表论文的研究机构来源

排名	发表单位	国家或地区	得分	作者数量	文章数量
1	香港理工大学	中国香港	14.38	23	22
2	台湾科技大学	中国台湾	5	10	5
3	马来西亚理工大学	马来西亚	4.72	15	6
4	澳大利亚昆士兰理工大学	澳大利亚	3.81	10	8
5	新加坡国立大学	新加坡	3.72	6	4
6	伊斯兰阿扎德大学	伊朗	2.58	5	3
7	印度德里理工学院	印度	2.53	4	2
8	索尔福德大学	英国	2.47	8	4
9	亚洲理工学院	泰国	2.4	5	4
10	比勒陀利亚大学	南非	2.4	6	3

表 2.6 列出了发表项目成功论文得分最高的前 10 名研究人员。Albert P. C. Chan 在 2007—2017 年间发表的相关论文数量最多，获得了 3.9 的最高分，其次是 Ralf Müller 和 Robert Osei-Kyei，他们的得分也大于 2，分别为 3.34 和 2.27。值得注意的是，在这 10 位研究人员中，只有一位来自发展中国家/地区，这表明发展中国家/地区和发达国家/地区之间在该研究主题发展上的严重不平衡。

此外，引文分析也是分析贡献程度的另一个有效方法。表 2.7 列出了期限内选定综述按被引用率排名前十的文章。该表显示，这些文章多数发表在 *PMJ*、*IJPM* 和 *JCEM*-1 上，表明这三种期刊不仅在发表数量上是最多的，同时发表的相关论文的质量也是最高的。

表 2.6　项目成功论文发表贡献的前 10 名研究人员

研究者	文章数量	得分	隶属机构	国家/地区
Albert P. C. Chan	12	3.9	香港理工大学	中国香港
Ralf Müller	7	3.34	乌美亚大学	瑞典
Robert Osei-Kyei	6	2.27	法国北里尔大学	法国
J. Rodney Turner	4	1.61	SKEMA 商学院	法国
Robert Joslin	3	1.8	台湾科技大学	中国台湾
Min-Yuan Cheng	3	1.34	管理科学研究所	巴基斯坦
Adeel Sabir Khan	3	1.19	伦敦金士顿大学	英国
Kate Davis	2	2	新加坡国立大学	新加坡
Shamas-ur-Rehman Toor	2	1.2	新加坡国立大学	新加坡
Jui-Sheng Chou	2	1.07	台湾科技大学	中国台湾

表 2.7　被引用次数排名前十的项目成功期刊论文

作者	年份	期刊	被引用次数
Ika	2009	*PMJ*	465
Müller 和 Turner	2007	*European management journal*	396
Davis	2014	*IJPM*	211
Shen 等	2010	*Journal of Cleaner Production*	169
Ahadzie 等	2008	*IJPM*	162
Yang 等	2009	*JCEM-1*	155
Lam 等	2008	*JCEM-2*	135

（续表）

作者	年份	期刊	被引用次数
Al-Tmeemy 等	2011	*IJPM*	135
Turner 和 Zolin	2012	*PMJ*	133
Bryde	2008	*IJPM*	131

注：数据来自谷歌学者（访问于 2017 年 10 月 10 日）

3）研究方法的类别

知晓目标论文中所使用的数据收集和分析方法可以有效地帮助研究人员深入了解项目成功的发展。经过分析，数据收集方法被使用最多的前 3 种分别是问卷调查、案例研究和访谈，涉及的论文总数分别为 66、40 和 39 篇。其他数据收集研究方法，如实地调研和文献回顾，也时常被采用。主要的数据分析方法（约占总数的 83%）是定量分析，笔者将主要的定量方法分为以下 8 类：

（1）描述性统计/分析，如 χ^2 检验和方差分析（Müller 和 Turner，2010；Zare 等，2016）；

（2）因子分析（Müller、Geraldi 和 Turner，2012）；

（3）回归分析（Wang 和 Gibson，2010）；

（4）结构方程模型（Ng 等，2010；Doloi 等，2011）；

（5）层次分析法（Analytic Hierarchy Process，AHP）（Akal 等，2016；Gupta 等，2012）；

（6）主成分分析法（Almohsen 和 Ruwanpura，2016）；

（7）模糊分析法（Mostafaei 等，2016；Osei-Kyei 等，2016）；

（8）计算机建模，如系统动态建模（Ullah 等，2017）。

值得注意的是，即使一种方法被较多的论文所采用也不能表明它比其他方法更受欢迎，因为有些研究方法的适用范围本身就更广。同样值得注意的是，在早期的研究中，描述性分析更多被使用，而更为先进的统计和建模方法，如遗传算法和模糊混合神经网络，在建设工程和管理领域的研究中逐渐受到欢迎。

4）关键词网络的分析

关键词是展示研究主要议题的关键指标。因此，论文中共同出现的关键词可以被识别和分析，以反映特定领域中最热门的研究问题。在这部分，笔者借助 UCINET v6.415 软件构建了一个高频关键词网络（图 2.6）。中心度可以反映其在目标关键词之间的相互联系和每个节点的大小。连接线的粗细则反映了两个关键词共同出现的次数，即连接线越粗，共同出现的次数越多。如图 2.6 所示，项目成功、关键成功要素和项目管理是最常出现的目标关键词，其中“项目管理”是与项目成功有密切关联的核心领域之一。图 2.6 显示了“关键成功要素”和“PPP”之间的紧密联系，这可能表明与关键成功要素相关的分析在 PPP 建设项目中受到高度重视，因为此类项目在提高效率和效益方面有很大优势。此外，网络边缘的目标节点可以分为两个主要类型——地点（中国大陆、中国香港和马来西亚）和研究方法，如层次分析法（AHP）和因子分析。有趣的是，在不同地区进行的项目往往采用不同的方法，例如，关键词“中国”在很大程度上与项目的复杂性、利益相关者和利益相关者管理相关，而关键词“马来西亚”则更多地与因子分析等研究方法相关。

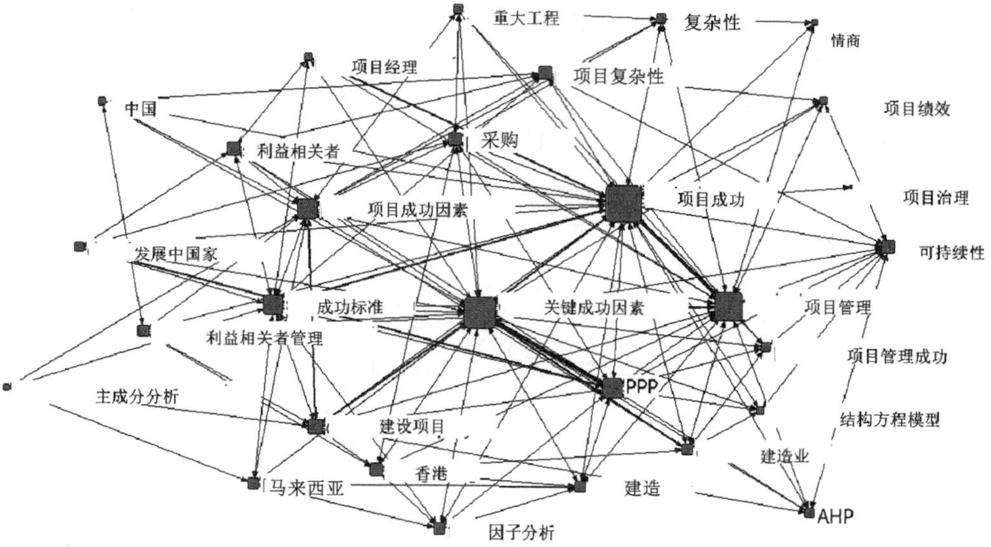

图 2.6　高频关键词网络

接下来，笔者用一个 MDS 对目标关键词之间的距离进行统计分析。为了使数据矩阵标准化，我们使用了余弦系数，得到的应力值（stress value）为 0.16（＜0.2），RQS 为 0.866（＞0.8），符合要求的标准。如图 2.7 所示，“项目成功”“项目管理”和“项目经理”是第一象限中具有紧密联系的关键词。“PPP”“关键成功因素（CSF）”和“发展中国家”则是在第二象限表现得更为紧密，这表明发展中国家非常依赖 PPP 和关键成功要素的分析。在第三象限中，“中国”“马来西亚”和“建设项目”的联系最强，可能是因为这些文章大多是涉及区域性的建设工程和管理领域的案例。在第四象限中，“大型项目”“复杂性”和“项目绩效”这几个关键词也具有很强的关联性。这可能表明，这些研究论文主要关注大型复杂建筑项目的绩效。

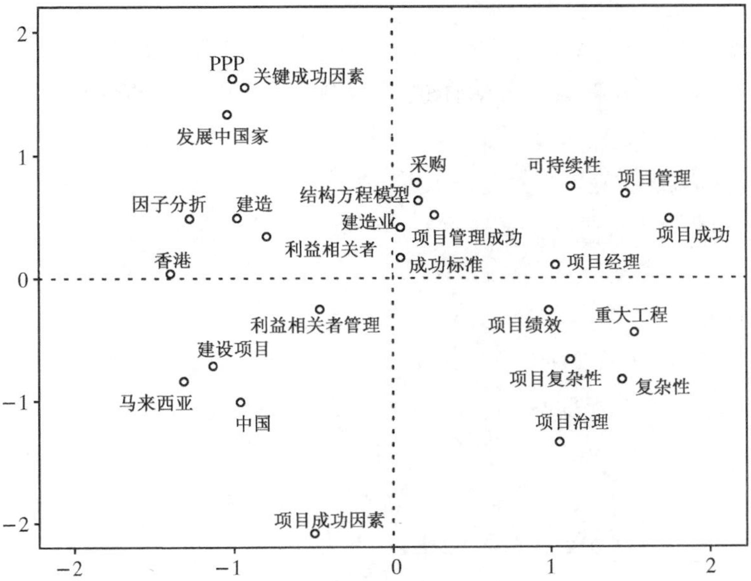

图 2.7　多维标度表(MDS)

2.3　重大工程项目成功的评价指标与关键要素——基于文本和主题分析

2.3.1　项目成功标准和关键成功要素

项目成功研究通常包括两个部分，即项目成功标准（指标）和成功要素（Müller、Söderland 和 Jugdev，2012）。项目成功标准指用来确定或判断项目成功的一组原则或标准。而关键成功要素，英文中常表示为"Critical Success Factors，CSFs"，于 1979 年首次提出(Fortune 和 White，2006)，则是指详细说明项目条件、事件和促进最终成功结果的一系列要素(Ika，2009)。

由成本、时间和质量组成的"金三角"是最常用的项目成功评价标准。然而，有学者指出，质量则是一个模糊的主观指标，不同项目利益相关者会产生不同的理解(Wateridge，1995)。因此，Chan 等，(2002)建议以客观指标和主观指标来进一步划分项目成功的标准。客观指标包括时间和成本、预算/经济绩效/利润、安全和健康；主观指标包括质量、技术性能、产品效率、业主满意度/项目成员满意度、符合法律规定、满足使用功能和环境可持续性。

部分学者聚焦于某一类型项目或基于某类利益相关者的角度对项目成功标

准进行了研究。例如，对于公私合营（PPP）或设计-建造（DB）项目，Osei-Kyei 等（2017）提出了共计 15 项指标，其中 7 项非常关键，包括有效的风险管理、满足交付要求、时间控制、长期关系和伙伴关系、利润和预算控制、可靠和优质的服务运营，以及满足公共设施/服务的需求。从各利益相关者的角度来看，项目成功的指标和维度是根据利益相关者理论或多维度参与者的要求设定的。例如，Davis（2014）对不同类别的利益相关者进行了分类，包括项目经理、用户和高级管理人员（赞助商、业主和高管）。在这个评估模型中，项目经理通常根据以下因素（成本/预算、质量和进度/时间）来衡量项目成功与否；用户认为满意度和沟通是最重要的两个方面；高级管理人员认为决策过程是最重要的，例如目标设定。

关于关键成功要素的研究，比较具有代表性的是 Slevin 和 Pinto（1986）在 20 世纪 80 年代提出的十个关键因素：项目任务、高层管理支持、项目计划、客户咨询、人员、技术能力、客户接受度、控制和反馈、沟通和问题解决。近几十年来，学者们也将相关研究聚焦到不同国家/地区或某种类型的项目上。Wang 等（2007）分析了中国大陆 PPP 基础设施项目的关键成功因素，并识别出了七种关键成功因素，包括项目特征（项目规模、对私人资本的吸引力和财务评估的合理性）、良好的投资环境（良好的国际声誉、稳定的法律体系和公共支持）、项目公司能力（领导能力、项目组织结构）、法规和政策（合理的风险分担机制、监督和合理的定价机制）、政府支持（政府补贴和政府政治支持）、产品特征（产品或服务的质量、满足环境标准）和项目管理（项目规划、有效的项目控制、合理的风险分担和沟通协调）。Chan 等（2002）进行了针对 DB 项目的研究，认为有六个重要的项目成功因素，包括项目承诺、承包商的能力、风险和责任评估、业主能力、最终用户的需求和资源限制（条件）。

显然，没有一个普遍认可的项目成功标准和关键成功要素清单可以满足所有建筑项目的需要。然而，专注于项目成功标准和关键成功因素的项目成功研究可以为全球的施工实践提供量化的信息以便于指导实践，从而提升项目成功的可能性。

2.3.2 重大工程项目成功的标准和关键成功要素

目前，针对重大工程项目成功的评价标准和关键成功要素已经存在局部、碎片化的研究。如前所述，绝大多数的重大工程都面临成本超支和延误的问题（Love 等，2015，2016）。倘若仍采用传统的，如按时、按预算和按规格，对重大工程成功与否进行衡量，则几乎所有的重大工程都有可能被认为是不成功的（Pitsis 等，2017）。同时，重大工程从最初的可行性研究到最后运营往往需要数十年的时间，这就使得该类项目的生命历程具备了企业的某些"永久"特质，某种程度上弱化了一般工程项目的临时性特征。因此，传统的项目成功评价体系已无法适应和满足重大工程成功的评价（Shenhar 和 Holzmann，2017）。Yan 等（2018）指出，对于重大工程，应强调其 4 个成功维度，包括组织战略目标、项目绩效、社会和谐以及项目利益相关者的满意度。相似地，Turner 和 Xue（2018）定义了重大工程项目成功的四个层次。第一个层次被称为重大工程项目管理的成功，指的是在规定的时间框架、成本和其他要求下，以预期的功能和性能交付。第二个层次被称为重大工程项目成功 1A 级别，意味着项目不仅应该被成功交付且应带来预期的效果。第三个层次是重大工程项目成功 1B 级别，指的是能够带来正的净现值，或者说项目应该盈利。第四个层次是指重大工程项目成功 2 级，该层次的特点通常是满足预期的商业或公共需求。

近年来，有部分聚焦于重大工程项目成功要素的研究结果已经有效地指导了建设实践。例如，Caldas 和 Gupta（2017）的研究表明，项目管理团队的充足经验和能力、合格的承包商和分包商、乐观主义偏差因素、充足的物资、外部的环境影响、应对复杂性的能力、利益相关者间良好的沟通、组织间的目标一致性、计划执行能力是重大工程项目成功要素。Shenhar 和 Holzmann（2017）认为战略愿景、目标一致性和对复杂性的适应力则是三个最为关键的要素。

Nguyen 等（2004）通过对越南大型建设工程进行研究得出，清晰的目标、项目承诺、高层管理团队的支持、有效的战略规划、清晰透明的采购、充足的项目资金、公众的支持、系统控制机制、项目经理的胜任力、先进科技的应用是对项目成功最为关键的要素。

同时，目前也有少量研究聚焦在中国情境下的重大工程管理领域。例如，Hu 等（2012）基于 2010 年上海世博会的案例研究，指出合理的规则设计、流程导向、最高管理层的支持、培训和推广、过程中的沟通以及组织学习和改进六个提升项目成功的核心要素。

在重大工程项目成功要素的相关研究中，除了要素识别外，各要素对项目成功的影响路径和机理也是重要研究内容之一。Thomas Ng 等，（2014）运用结构方程模型（Structural Equation Modeling，SEM）对香港特区的公私合营基础设施项目的成功要素间的关系，以及对项目成功的影响路径进行了定量化研究。Erdem 和 Ozorhon（2015）通过网络分析过程方法（Analytic Network Process，ANP），借助计算机对各要素之间的联系以及权重进行了定量化解释。Ahmed 等（2014）通过问卷调研以及回归分析研究方法，揭示了高层管理人员的"提供资源"和"权力"维度对项目成功具有重要影响。

随着研究的深入，人们逐步认识到重大工程的长周期、高度不确定性、复杂性和风险性等特征都决定了影响重大工程项目成功的要素应当具有发展的、动态的和相互关联的特点(Leon 等，2018；Locatelli 等，2017；Luo 等，2017)。此外，现有研究也并未有效分析项目成功评价维度与项目成功要素的关联性(王进，2008a)。单纯采用以往偏静态的研究方法，无法清晰探究重大工程项目成功要素间的复杂关联，以及要素对项目成功的影响机理。

2.3.3 重大工程项目成功的标准和关键要素的研究现状——基于文本分析综述

1. 综述中所涉及的研究方法

本书相关综述的研究方法如图 2.8 所示。

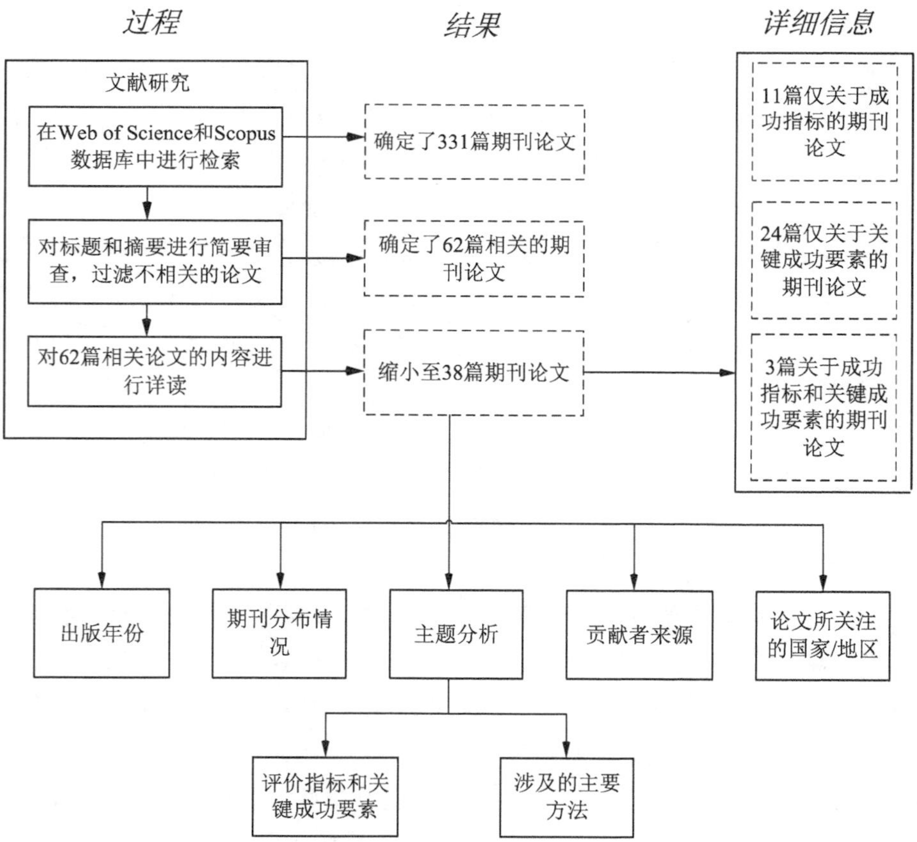

图 2.8 该综述的研究流程图

1）目标文章的选择

同样，笔者选用 Web of Science 和 Scopus 两个学术数据库对该目标主题进行了全面的文献回顾。上述两个数据库是世界上最大的同行评议文献网络来源库，也已在多篇文献综述中所采用，如 Zheng 等（2016）和 Hu 等（2015b）之前所发表的论文。基于如前所述的重大工程定义，笔者选取了以下检索关键词以进行目标文献查找：TITLE-ABSTRACT-KEYWORD（"success" OR "successful"）AND TITLE-ABSTRACT-KEYWORD（"mega project" OR "megaprojects" OR "megaproject" OR "mega-projects" OR "mega-project" OR "mega projects" OR "major project" OR "major projects" OR "complex project" OR "complex projects" OR "large project" OR "large projects" OR "large-scale project" OR "large-scale projects" OR "public works project" OR "public works projects" OR "transportation infrastructure project" OR "transportation infrastructure projects" OR "public construction project" OR "public construction projects" OR "Tera-project" OR "Tera-projects" OR "Giga project" OR "Giga projects" OR "Giant project" OR "Giant projects" OR "Tera project" OR "Tera projects" OR "Giga program" OR "Giga programs" OR "Tera program" OR "Tera programs"）。为使该文献综述的结果更具有参考性，笔者仅检索了 2000—2018 年期间发表的同行评审期刊文章（该检索工作截至 2018 年 11 月 28 日）。首先，第一轮检索共确定了 331 篇期刊文章。之后，基于两个主要的标准对初步确定的文章进行筛选，其一即必须是针对重大基础设施工程的文章，其二则必须是研究成功标准（指标）和关键成功要素的期刊文章，总共有 62 篇有效的期刊文章。下一阶段是对所选文章的内容进行深入审查，以摒弃不相关的文章。最终共确定 38 篇符合条件的期刊论文，包括 11 篇关于成功指标的期刊文章，24 篇关于关键成功要素的文章和 3 篇关于成功指标和关键成功要素的文章。

2）作者/地区的贡献评估

选定了目标论文之后，笔者对文章进行了详细的内容分析，以分析论文发表的年度趋势、出版物来源分布、作者的所属机构/国家、研究中所涉及的方法等。与项目成功综述中相类似，笔者同样采用了 Howard 等（1987）提出的计算公式（见 2.2.3 部分的公式 2.1），用于对一篇多作者论文中来自不同国家（或地区）和机构（或大学）的贡献者进行评分。该计算公式是基于在多作者论文中作者实际贡献不同的假设来分配分数的，该方法中，假设第一作者的贡献大于第二作者，以此类推（Antwi-Afari 等，2018）。之前已发表的，采用了该计算公式的论文，如确定建筑和拆除废物管理研究趋势(Yuan 和 Shen, 2011)和建筑期刊的合作研究趋势(Hong 等,2012)的文章中,均可证实该公式的适用性和可靠性。此外,多作者文章的评分矩阵表也参见 2.2.3 部分的表 2.2,此处不再赘述。

3) 研究主题分析

在对成功指标和关键成功要素分析的过程中,笔者采用主题分析的方法对其进行了主题编码。主题分析是一种用于识别数据集模式的研究方法,能够对数据集的不同方面提供关于研究问题的丰富解释(Braun 和 Victoria, 2006)。该方法广泛运用于因素方面的研究当中,如 Perannagari 和 Chakrabarti (2020)和 De Leeuw 等(2019)的研究。为了减少主题分析中主观性带来的结果差异(Galanis, 2018),笔者在编码过程中进行了分别创建并对编码进行分类,然后对各自的结果进行讨论,直到达成共识(Goel 等,2020)。最终确定的各类别将会被整合到一个概念框架中。

2. 结果的讨论和分析

1) 论文发表的年度趋势

图 2.9 显示了所选定的期刊论文年度发表数量。该图显示,2004—2018 年期间,发表趋势基本呈现逐年递增的态势,从 2004 年仅有的 1 篇文章到 2018 年的 7 篇文章。这一结果或许可以表明,研究者们在对重大工程项目成功的评价标准和关键成功因素方面的研究兴趣逐渐上升。

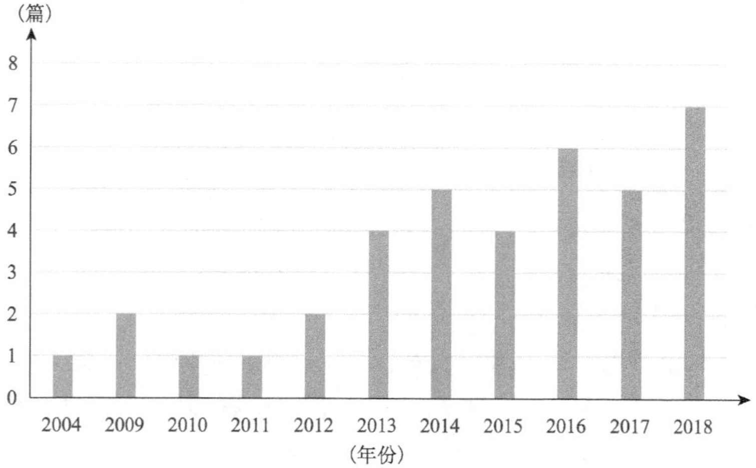

图 2.9 2000—2018 年相关出版物的年度数量

而这样的发表趋势背后,可能是 2008 年全球经济危机后诸多国家实施了一系列经济刺激政策,特别是对重大基础设施的投资和建设。由此也导致学术界加大了对如何有效推动重大工程成功交付方面的研究力度。在 2000—2010 年间，只有 4 篇关于成功评价指标和关键成功要素的期刊文章；这反映了在此期间，关于该主题的研究还尚处于起步阶段，然而自 2010 年之后，有 34 篇关于成功指标和关键成功要素的期刊文章发表，这同样也证实了该主题的研究热度在不断增加(Garemo 等，2015)，并且有望激发更多相关的研究以更好地指导项目实践。

2) 期刊分布分析

该研究主题所涉及的 38 篇文章共发表在 22 种期刊上。根据表 2.8 的统计数据显示，在 2000—2018 年间，发表文章数量最多的前 6 位期刊包括了：*International Journal of Project Management*，*Journal of Management in Engineering*，*Journal of Construction Engineering and Management*，*Project Management Journal*，*Construction Innovation*，and *Engineering and Construction and Architectural Management*，共发表了 22 篇相关主题论文，约占所选文章总数的 58%。以上 6 种期刊或许可以被视为发表和获取重大工程项目成功评价标准和关键影响要素的重要来源。

表 2.8 期刊分布

序号	期刊	论文数量
1	*International Journal of Project Management*	7
2	*Journal of Management in Engineering*	5
3	*Journal of Construction Engineering and Management*	3
4	*Project Management Journal*	3
5	*Construction Innovation*	2
6	*Engineering, Construction and Architectural Management*	2
7	*Environmental Management*	1
8	*South African Journal of Industrial Engineering*	1
9	*International Journal of Managing Projects in Business*	1
10	*Research in Transportation Economics*	1
11	*Evaluation and Program Planning*	1
12	*Journal of Business Research*	1
13	*Civil Engineering Journal*	1
14	*International Business Review*	1

(续表)

序号	期刊	论文数量
15	California Management Review	1
16	Progress in Planning	1
17	Proceedings of the Institution of Civil Engineers: Municipal Engineer	1
18	Journal of Performance of Constructed Facilities	1
19	Australian Journal of Civil Engineering	1
20	Urban Policy and Research	1
21	Construction Economics and Building	1
22	Management, Procurement and Law	1
	总计	38

3) 作者所属机构/国家(地区)对成功评价和关键成功要素的贡献

在分析了所涉及的期刊之后,笔者又进一步分析了国家/地区的所属情况。结果显示,澳大利亚、美国、英国、中国大陆和中国香港的得分分别为 7.27、5.12、4.81、3.52 和 2.27,是选定期间内对相关主题论文的发表贡献度最大的前 5 位国家/地区。在澳大利亚,有来自 8 个不同研究中心的 19 名研究人员贡献了 11 篇期刊文章。同样,在美国、英国和中国大陆,有来自 10 个研究中心的 14 名研究人员发表了 10 篇论文,来自 7 个研究中心的 15 名研究人员发表了 7 篇论文,来自 7 个不同研究中心的 12 名研究人员分别发表了 8 篇论文。而在中国香港,有两个研究中心的 5 名研究人员发表了两篇关于成功标准和 CSFs 的期刊文章,以 2.27 分的得分排名第五。表 2.9 的统计数据表明,此类论文发表背后所涉及的国家/地区和研究机构的分布很广,显示出世界各地的研究人员对该主题的研究颇感兴趣。然而,值得注意的是,中国大陆是前五名中唯一上榜的发展中国家,这也反映出发展中国家研究人员的贡献非常低。

表 2.9 作者所属机构/国家(地区)的贡献排序

序号	国家/地区	研究中心	研究者数量	出版物	分数
1	澳大利亚	8	19	11	7.27
2	美国	10	14	10	5.12
3	英国	7	15	7	4.81
4	中国大陆	7	12	8	3.52

（续表）

序号	国家/地区	研究中心	研究者数量	出版物	分数
5	中国香港	2	5	2	2.27
6	新加坡	1	4	1	1.6
7	挪威	1	2	1	1.47
8	法国	1	1	2	1.2
9	阿拉伯联合酋长国	2	4	2	1.2
10	荷兰	1	1	1	1
11	南非	2	2	2	1
12	印度	2	2	2	1
13	西班牙	2	4	2	1
14	马来西亚	1	2	1	1
15	意大利	1	2	1	0.43
16	芬兰	1	1	1	0.42
17	越南	1	1	1	0.42
18	以色列	1	1	1	0.4
19	泰国	1	1	1	0.32
20	塞尔维亚	1	1	1	0.12

4）论文所关注的国家或地区

论文中所关注到的国家或地区的数量，也可以看作是衡量该地区学术和工业实践进展的一个指标（Osei-Kyei 和 Chan，2015）。笔者仅采用了一种简单的计数方法，以统计文章中所关注到的国家或地区的数量（图 2.10）。值得注意的是，研究关注点在 1 个以上地区的论文就会被标记为“国际”。此外，有 4 篇文章无法确定其（地区）关注点，因此笔者将其记为“无从得知”。

如图 2.10 所示，除了被认为是“国际”与“无从得知”的地区外，所涉及的论文关注的热度最高的前 5 个地区分别是中国、澳大利亚、英国、泰国和伊朗，分别有 5 篇、3 篇、2 篇、2 篇和 2 篇文章。然而，中国作为该研究主题中最受关注的国家，这点并不意外。这主要是由于中国在过去几十年间，在重大基础设施项目的投资和建设方面表现得尤为突出。特别是在两个聚焦于基础设施建设领域的投资计划，即 2008 年的 4 万亿人民币经济刺激计划和 2013 年的“一带一路”计划推出之后，更是极大激发了研究人员对重大工程项目成功指标和关键成功要素的研究兴趣（Le 等，2016）。此外，分析结果也表明，澳大利亚也是该研究领域领先的国家之一。这也与 English (2006) 和 Osei-Kyei 和 Chan (2015) 的研究结果相呼应，他们指出，“尤其是 2000 年从 BOT（Build-Own-Operate-Transfer）到 DB 模式再度火热之后”，澳大利亚建筑市场取得了令人瞩目的发展。此外，不容忽视的是，大多数文章（9 篇）侧重于国际性，而不是针对某个国家或地区。涉及“国际”的研究主要是案例研究，如 Lopez del Puerto 和 Shane (2014) 的研究论文。尽管有学者指出，在重大工程研究领域中，社会、经济和文化等背景环境造成的（结果）差异不容忽视（Hu 等，2015a），但成功的经验和做法仍然可以在全球范围内进行学习。

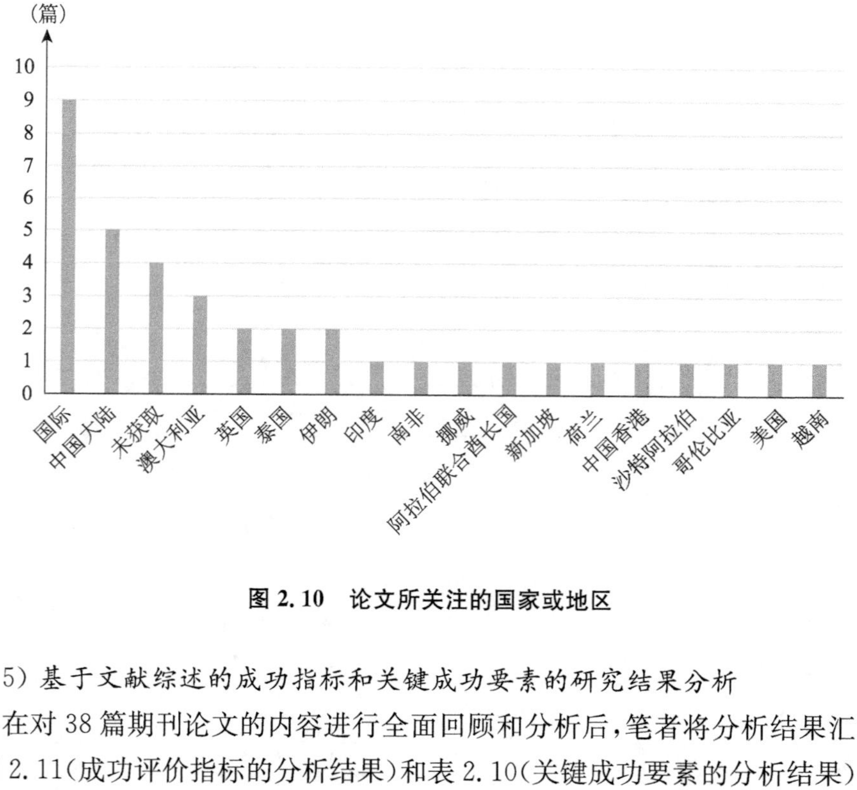

图 2.10　论文所关注的国家或地区

5）基于文献综述的成功指标和关键成功要素的研究结果分析

在对 38 篇期刊论文的内容进行全面回顾和分析后，笔者将分析结果汇总成为图 2.11（成功评价指标的分析结果）和表 2.10（关键成功要素的分析结果）。其中，识别出 20 个项目成功评价指标，并初步划分为 5 个维度；识别到 CSFs 数量为 36 个，并被归纳为 5 组。针对关键成功要素的识别，笔者是根据所确定的期刊论文中累计提及次数进行排序的。值得注意的是，考虑到当前对重大工程项目成功的评价指标和关键成功要素的研究十分有限，因此在分析过程中，即使是只提到一次的标准或因素也被考虑在内。

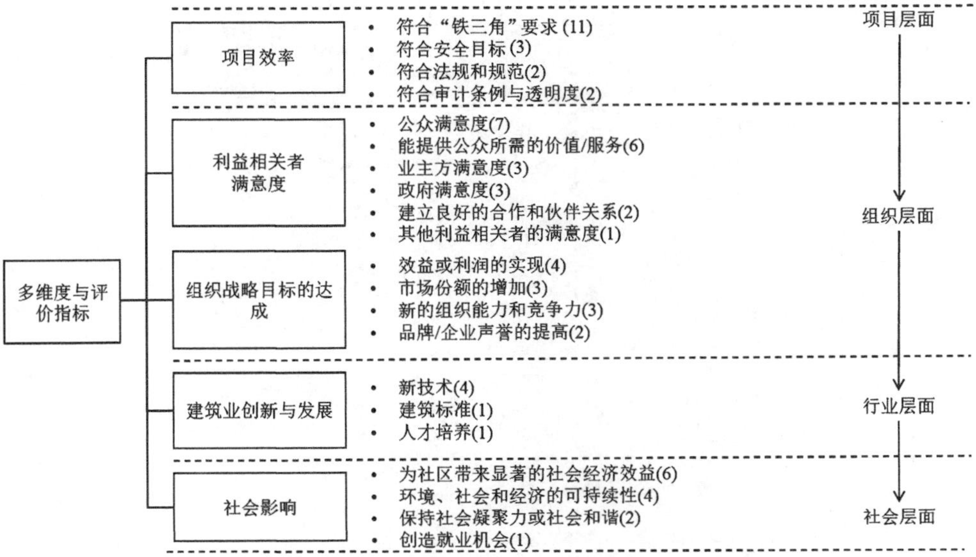

图 2.11　重大工程项目成功的维度和评价指标概念框架

表 2.10　2000—2018 年关于重大工程项目成功的关键要素研究结果

序号	类别	关键成功要素	文献来源	总提及次数
1	与项目本身相关因素	充足的资源	Asgari 等（2017），Toor 和 Ogunlana (2009)，Caldas 和 Gupta (2017)，Crosby (2017)，Hosseini 等(2018)，Locatelli 等(2017b)，Nguyen 等(2004)，Al Nahyan 等(2012)	8
2		清晰的战略愿景	Hu 等(2015a)，Asgari 等(2017)，Toor 和 Ogunlana (2009)，Hosseini 等(2018)，Nguyen 等(2004)，Shenhar 和 Holzmann (2017)	6
3		明确的目标	Hu 等（2015a），Toor 和 Ogunlana (2009)，Crosby (2017)，Locatelli 等(2017b)，Nguyen 等(2004)	5
4		有效的战略规划	Hosseini 等(2018)，Cepeda 等(2018)，Nguyen 等(2004)，Al Nahyan 等(2012)	4
5		项目规模	Asgari 等（2017），Verweij (2015)，Cepeda 等(2018)	3
6		正确的项目识别和项目技术可行性	Asgari 等（2017），Toor 和 Ogunlana (2009)，Crosby (2017)	3
7		利益相关者的需求与项目可持续性目标的战略协调	Toor 和 Ogunlana (2009)，Hosseini 等(2018)	2

（续表）

序号	类别	关键成功要素	文献来源	总提及次数
8	与项目组织相关因素	项目经理的能力	Asgari 等（2017），Toor 和 Ogunlana（2009），Crosby（2017），Hosseini 等（2018），Nguyen 等（2004）	5
9		良好的领导力	Hu 等（2015a），Mazur 等（2014），Crosby（2017），Sturup 和 Low（2015）	4
10		积极的组织文化	Toor 和 Ogunlana（2009），Lopez del Puerto 和 Shane（2014），Hosseini 等（2018）	3
11		充分了解外部环境变化对项目实施的限制	Hu 等（2015a），Crosby（2017）	2
12		项目目标与成功间的一致性	Crosby（2017）	1
13		强有力的组织支持	Fahri 等（2015）	1
14		项目组织结构	Hu 等（2015a）	1
15	与项目利益相关者相关因素	与关键利益相关者良好的伙伴关系	Hu 等（2015a），Asgari 等（2017），Ning 和 Ling（2014），Mazur 等（2014），Crosby（2017），Hosseini 等（2018），Cepeda 等（2018），Nguyen 等（2004）	8
16		各方的充分沟通和协调	Hu 等（2015a），Asgari 等（2017），Toor 和 Ogunlana（2009），Caldas 和 Gupta（2017），Bubshait 等（2015），Crosby（2017），Al Nahyan 等（2012）	7
17		公众的接受和支持	Asgari 等（2017），Lopez del Puerto 和 Shane（2014），Ng 等（2014），Crosby（2017），Hosseini 等（2018），Locatelli 等（2017b），Rodríguez-Segura 等（2016）	7
18		高层管理团队的支持	Asgari 等（2017），Toor 和 Ogunlana（2009），Crosby（2017），Fahri 等（2015），Nguyen 等（2004）	5
19		政府的支持	Hosseini 等（2018），Locatelli 等（2017b），Nguyen 等（2004），Al Nahyan 等（2012）	4
20		业主的能力	Asgari 等（2017），Winch 和 Leiringer（2016），Fahri 等（2015）	3
21		利益相关者之间的相互信任	Toor 和 Ogunlana（2009），Li 等（2018）	2

（续表）

序号	类别	关键成功要素	文献来源	总提及次数
22	与项目利益相关者相关因素	承包商的能力	Asgari 等(2017)	1
23		合作伙伴组织内部的一致性	Caldas 和 Gupta (2017)	1
24		各方目标的完全一致性	Shenhar 和 Holzmann (2017)	1
25	与项目管理相关因素	有效的风险管理	Asgari 等(2017)，Kardes 等(2013)，Dimitriou 等(2013)，Crosby (2017)，Sturup 和 Low (2015)	5
26		良好的治理	Hu 等(2015a)，Klakegg 等(2016)，Li 等(2018)，Hosseini 等(2018)，Locatelli 等(2017b)	5
27		竞争和透明的采购过程	Toor 和 Ogunlana (2009)，Hosseini 等(2018)，Cepeda 等(2018)，Nguyen 等(2004)	4
28		有效的复杂性降解和管控	Kardes 等(2013)，Dimitriou 等(2013)，Crosby (2017)，Cepeda 等(2018)	4
29		范围管理	Hu 等(2015a)，Verweij (2015)，Hosseini 等(2018)，Cepeda 等(2018)	4
30		有效和详尽的合同管理	Toor 和 Ogunlana (2009)，Verweij (2015)，Hosseini 等(2018)，Cepeda 等(2018)	4
31		以往经验的积累	Toor 和 Ogunlana (2009)，Crosby (2017)，Hosseini 等(2018)，Nguyen 等(2004)	4
32		创新性的战略和实践	Hu 等(2015a)，Davies 等(2009)，Kwak 等(2014)	3
33		系统控制和整合机制	Crosby (2017)，Nguyen 等(2004)	2
34		使用最新的技术	Toor 和 Ogunlana (2009)，Nguyen 等(2004)	2
35		选择合适的承发包模式	Toor 和 Ogunlana (2009)	1
36	外部环境因素	社会、经济和政治的稳定性	Rodríguez-Segura 等(2016)，Hosseini 等(2018)	2

(1) 关于重大工程项目成功评价指标的综述结果分析。

图 2.11 显示了通过主题分析而获得的重大工程项目成功评价指标的概念构

架。笔者将各评价标准划分在4个层次的5个维度之下，每个指标后面的数值表示其在文献中被提及的累计次数。第一个维度也是最基本的维度，被概括为“项目效率”，位于项目层级。效率一词在字典中释义为单位时间内完成的工作量，或者是在给定数量的投入或资源下实现产出最大化(Ika, 2009)。项目效率可以指重大工程在多大程度上实现了其成本、时间、质量和其他生产力目标(Shenhar和Holzmann, 2017)。在这个维度上，主要包括4个评价指标：“符合‘铁三角’要求”“符合安全目标”“符合法规和规范”，以及“符合审计条例与透明度”，其被提及的次数为11次、3次、2次和2次。虽然项目效率在许多研究中起着至关重要的作用，但它只构成评估重大工程的一个部分，实践中有许多最初没有达到效率目标的重大工程后来被视为巨大的成功(Shenhar和Holzmann, 2017)。第二个维度被归纳为“利益相关者满意度”，共有6个指标，即：“公众满意度”(被提及7次)、“能提供公众所需的价值/服务”(被提及6次)、“业主方满意度”(被提及3次)、“政府满意度”(被提及3次)、“建立良好的合作和伙伴关系”(被提及2次)和“其他利益相关者的满意度”(被提及1次)。传统观点认为，该维度可以评估(项目)结果对重大工程利益相关者产生的影响程度。例如，利益相关者对结果是否满意？第三个维度被称为“组织战略目标的达成”。Shenhar等(2001)指出，项目导向型组织应将项目作为产生战略效益的强大战略工具。该维度包含了4个标准，即：“效益或利润的实现”(被提及4次)、“市场份额的增加”(被提及3次)、“新的组织能力和竞争力”(被提及3次)，以及“品牌/企业声誉的提高”(被提及2次)。第二个和第三个维度属于组织层面。第四个维度是行业层面的“建筑业创新与发展”，指的是重大工程项目成功所带来的建筑业创新与相关产业的协同发展。该维度包括3个指标：“新技术”(被提及4次)、“建筑标准”(被提及1次)以及“人才培养”(被提及1次)。最后一个维度是与社会层面相对应的“综合社会影响”。它反映了重大工程对社会、人类、科学、环境乃至国家和地区的福祉所产生的长期影响(Shenhar和Holzmann, 2017)。该维度下的指标包括：“为社区带来显著的社会经济效益”(被提及6次)、“环境、社会和经济的可持续性”(被提及4次)、“保持社会凝聚力或社会和谐”(被提及2次)和“创造就业机会”(被提及1次)。

正如本书中在项目成功定义的部分所讨论的，Cooke-Davies (2002)在项目成功研究中确定了三个层次的成功。第一个是项目管理成功，第二个是项目成功，第三个是持续的项目成功。本书提出的框架可以通过上述三个成功层级进行解释。其中，“项目效率”可以解释为项目管理成功，第二个维度“利益相关者满意度”和第三个维度“组织战略目标的达成”可以对应项目成功，第四个维度“建筑业创新与发展”及第五维度“综合社会影响”可以理解为持续的项目成功。此外，这

5 个维度不应该单独考虑。正如 Yan 等(2018)所言,系统思维有助于避免优化一个成功维度而导致其他维度的失败,从而实现整体成功。

此外,根据每个评价标准被提及的频率,排名前四位的是:“符合‘铁三角’要求”“公众满意度”“能提供公众所需的价值/服务”和“为社区带来显著的社会经济效益”。其中,共有 14 篇文章提到了“符合‘铁三角’要求”这一标准,也是所有评价指标中被提及最多的,这反映出“铁三角”标准(时间、成本和质量目标)在衡量重大项目管理成功方面发挥了根本作用。原因可能是重大项目的绩效通常是不佳的,如时常发生的成本超支和工期延误(Love 等,2015)。因此,在评估重大工程项目成功的研究中,“铁三角”标准仍然被强调。其次是排名第二的“公众满意度”这一评价指标。重大工程虽然带来了社会经济效益;但同时也可能存在一些负面影响,如大量噪声、灰尘和废物的产生。除了上述负面影响外,重大基础设施通常涉及大规模的土地征用甚至移民工作,这或许也对公众的福祉造成了巨大的负面影响(Jia 等,2011;Liu 等,2016)。此外,重大所花费的大量资金往往来自于纳税人的税收。因此,“公众满意度”在衡量这类项目的成功方面起到了第二重要的作用,追求公众满意度被视为项目顺利建设的一个关键评价指标。

“能提供公众所需的价值/服务”在所有识别的评价指标中排名第三。Kessides (1993)认为,重大工程对经济发展和公众福祉的效益主要来自项目资产提供的服务,而不是资产本身。例如,高速铁路主要提供通勤、运输、商务、休闲及旅游服务。因此,重大基础设施项目如果不能为公众提供卓越的价值和服务,则可能会被视为不成功(Chang 等,2013)。根据研究结果,“为社区带来显著的社会经济效益”与“能提供公众所需的价值/服务”同等重要。Flyvbjerg (2014)介绍了重大工程发展的四个驱动因素,即技术、政治、经济和美学考虑。此外,Thomas Frey 增加了“社区自豪感”这一标准,他对这一评价指标的描述是“每个人都喜欢讲述他们社区完成的‘大事’,就是这一‘大事’使这个特定的社区优于所有其他社区”(Söderlund 等,2017)。例如,悉尼歌剧院不仅成为悉尼市的一个象征,每年吸引成千上万的游客,也为悉尼带来了巨大的收益。

(2) 关于重大工程项目成功的关键要素综述结果分析

表 2.10 显示了既往研究中关于重大工程的关键成功要素的主题分析结果。从表中可以看出,共有 36 个因素决定了重大工程项目成功。作者将其分为 5 类,即“与项目本身相关因素”“与项目组织相关因素”“与项目利益相关者相关因素”“与项目管理相关因素”和“外部环境因素”。

① 与项目本身相关因素。与项目本身相关因素共包括 7 个关键成功要素,即“充足的资源”“清晰的战略愿景”“明确的目标”“有效的战略规划”“项目规模”

"正确的项目识别和项目技术可行性""利益相关者的需求与项目可持续性目标的战略协调",其各自被提及的频率分别为8次、6次、5次、4次、3次、3次和2次。

"充足的资源"被认为是一个重要的因素,既往文献中提到了8次。重大工程中的资源一般是指足够的工人、建筑材料、机器和资金。充足的资源(例如,项目中可用的充足资金)对重大工程的进展至关重要(Asgari等,2017)。项目资金可用于购买建筑材料、机器和雇佣工人,这是重大工程顺利建设的基础。在实践中,由于一些原因可能会发生项目资金供应中断的情况,如银行贷款发放不及时、私人或政府资金不到位等,最终影响施工的顺利进行,甚至失败。

6篇文章提到了"清晰的战略愿景"这一关键成功要素。愿景可以被定义为一个简洁的、具有引导与激励组织成员的未来情景的意象描绘。战略部分指的是建立所期望的长期目标,预计将产生超越其直接结果的持久影响(Shenhar和Holzmann, 2017)。重大工程的战略愿景通常是以视觉和情感的方式呈现,可以作为卓越领导力的坚实纽带。优秀的领导者知道如何有效地利用战略愿景来激励参建人员。同时,他们可以将愿景与正确的战略结合起来实施(Patanakul和Shenhar, 2012)。值得一提的是,重大工程的愿景并不总是涉及利润或财务业绩,甚至不以技术术语描述。相反,它很简单,并容易唤起情感反应(Shenhar和Holzmann, 2017)。例如,1961年著名的阿波罗计划的战略愿景是"Put a man on the Moon and bring him back before the end of the decade"(将一个人送上月球并在10年内返回)。

"明确的目标"和"利益相关者的需求与项目可持续性目标的战略协调"也都是实现项目成功的重要因素(Toor和Ogunlana, 2009)。重大项目组织通常是庞大而复杂的,由多方协作进行工作。因此,应该制定出整个团队赞许的明确目标和责任矩阵。此外,为了防止项目目标的不一致,组织应该在一开始就明确地定义目标(Caldas和Gupta, 2017)。

② 与项目组织相关因素。该类别下包含了7个关键成功要素,即"项目经理的能力""良好的领导力""积极的组织文化""充分了解外部环境变化对项目实施的限制""项目目标与成功间的一致性""强有力的组织支持"和"项目组织结构",其各自的被提及的频率分别为5次、4次、3次、2次、1次、1次和1次。

在以往的一些研究中,"项目经理的能力"就被视为一个重要的成功因素(Nguyen等,2004)。拥有专业知识渊博、经验丰富和训练有素的团队成员是成功实现项目目标的必要条件(Toor和Ogunlana, 2009)。与普通的建设项目不同,重大工程通常由具有主导作用的高层管理团队进行管理。因此,他们的支持被认为是提高重大项目管理绩效中不可或缺的重要支撑(Lundrigan等,2015)。

③ 与项目利益相关者相关因素。该类别共包含了 10 个关键成功要素，即："与关键利益相关者之间的良好的伙伴关系""各方的充分沟通和协调""公众的接受和支持""高层管理团队的支持""政府的支持""业主的能力""利益相关者之间的相互信任""承包商的能力""合作伙伴组织内部的一致性"及"各方目标的完全一致性"，被提及的频次为 8 次、7 次、7 次、5 次、4 次、3 次、2 次、1 次、1 次和 1 次。

与关键利益相关者建立伙伴关系或保持良好关系是第一位的，在这一组中共被提及 8 次。一般而言，正式合同规定了项目参建方明确的权利和责任，以确保建设活动的顺利开展。然而，现有的研究表明，合作伙伴关系，可能会延伸到合同之外，在改善项目治理和项目效率方面发挥重要作用，并最终促进项目成功（Ning 和 Ling，2014；Zhai 等，2017）。此外，出于长期合作的考虑，业主也会鼓励实施合作伙伴关系。例如，在港珠澳大桥中，业主就采取了一种被称为基于严格执行合同协议的合作伙伴关系。在这种合作模式下，参与这一重大工程的各方组织被视为一个联盟，并尽最大努力完成这座超级大桥（Gao 等，2018）。

有 7 篇文献中提到了"各方的充分沟通和协调"这一关键要素。沟通和协调一直被认为是项目成功的关键因素（Chan 等，2004；Ceric 等，2021）。缺乏跨职能组织的沟通被认为是维持组织有效性的主要障碍之一。相反，项目团队之间及时有效地沟通可以显著提升项目的成功（Shehu 和 Akintoye，2010）。考虑到重大工程的建设涉及众多参与者，在项目执行过程中，沟通和协调对成功的结果非常重要。此外，正如 Hu 等（2015a）所指出的，与政府机构和承包商的定期和非正式会议、通信、培训计划、联合工作活动和应急演习等，也被视为改善重大基础设施项目中关键利益相关者之间沟通和协调的重要方式。

"公众的接受和支持"也是重大工程项目成功的最重要因素之一，提及频率是 7 次。公众的认可和理解对于确保重大工程的建设有一个和谐稳定的环境相当关键，特别是涉及一些可能对人们生活环境产生严重不利影响的建设工作。例如，公众在初始阶段的支持可以减少延误，如项目开发的土地征用和移民工作（Osei-Kyei 和 Chan，2015）。中国的重大基础设施"三峡大坝"涉及大量的移民工作，移民的支持成为决定该项目实施成功的关键因素之一。此外，在重大工程中，政府通常扮演着不同的角色，如决策者、资助者、项目管理者和运营者（Greiman，2013）。例如，在港珠澳大桥中，包括中央政府、地方政府（广东省政府、中国香港特区政府和中国澳门特区政府）和相关政府部门（如国家发展和改革委员会）都参与了该重大工程。因此，政府的支持也是实现项目成功的关键（Qiu 等，2019）。

④ 与项目管理相关因素。这一组包含了 11 个关键成功要素，即"有效的风

险管理”“良好的治理”“竞争和透明的采购过程”“有效的复杂性降解和管控”“范围管理”“有效和详尽的合同管理”“以往经验的积累”“创新性的战略和实践”“系统控制和整合机制”“使用最新的技术”以及“选择合适的承发包模式”，其各自提及的频率为 5 次、5 次、4 次、4 次、4 次、4 次、4 次、3 次、2 次、2 次和 1 次。

复杂的重大工程可能面临传统项目中通常不存在的突发风险，包括政治风险、潜在的灾难性损失、复杂的工程技术和设计风险以及可能影响预算和进度的大量未知因素(Greiman, 2013)。因此，有效的风险管理将有助于实现项目目标和成功。此外，竞争和透明的采购流程可以有效减少重大工程的腐败，也对项目的成功起着至关重要的作用(Locatelli 等，2017a)。随着全球化的扩大，重大工程的治理已成为一个新兴问题。在一个组织内共存多种治理结构在重大工程中很常见。以美国的波士顿大隧道重大工程为例，在该项目中，治理结构包括联邦监督、业主董事会、业主项目总监和项目经理(Greiman, 2013)。

⑤ 外部环境因素。这一主题下只包括一个关键成功因素，即“社会、经济和政治的稳定性”，有 2 篇文献中提及。由于金融危机导致的资金链断裂、严重影响或终止项目的新法规、影响或取消项目的突破性技术，重大工程可能会被推迟或取消(Rodríguez-Segura 等，2016)。因此，社会、经济、技术和政治等环境的稳定对重大工程的成功至关重要。

⑥ 关键成功要素的概念框架。基于这 5 个类别，并参考 PMBOK 指南(PMI, 2017)，本书建立了一个重大工程的关键成功要素的概念框架，如图 2.12所示。项目组织通过在不同的管理领域采取各种管理策略和工具，直接参与到项目的管理中。而且必须注意与项目利益相关者的关系，因为这些利益相关者可能通过直接或间接参与影响项目。此外，在项目的生命周期中，外部环境也会对整个项目系统产生影响。

6) 常用的研究方法

如图 2.13 所示，本书归纳出了 5 大类研究方法，包括案例研究、问卷调查、访谈、混合方法(案例研究、问卷调查和访谈)，以及广泛的文献回顾。结果显示，案例研究法是研究重大工程项目成功的评价标准和关键成功要素时采用最多的方法，占总数的 47%。原因可能是，案例研究是在现实生活的背景下调查当代现象(Yin, 2003)，并可提供有关被调查现象的深入信息(Cavaye, 1996)。其次是问卷调查，有 8 篇文献中使用了该研究方法，占总文献数的 21%。问卷调查法在建设项目管理领域中被广泛使用，因为它是一种相对容易的数据收集手段，并允许较多的专家参与研究(Osei-Kyei 和 Chan, 2015)，对成功标准和关键成功要素等敏感数据问题也非常适用。访谈和混合方法共有 5 篇文献中使用，位列第三。通

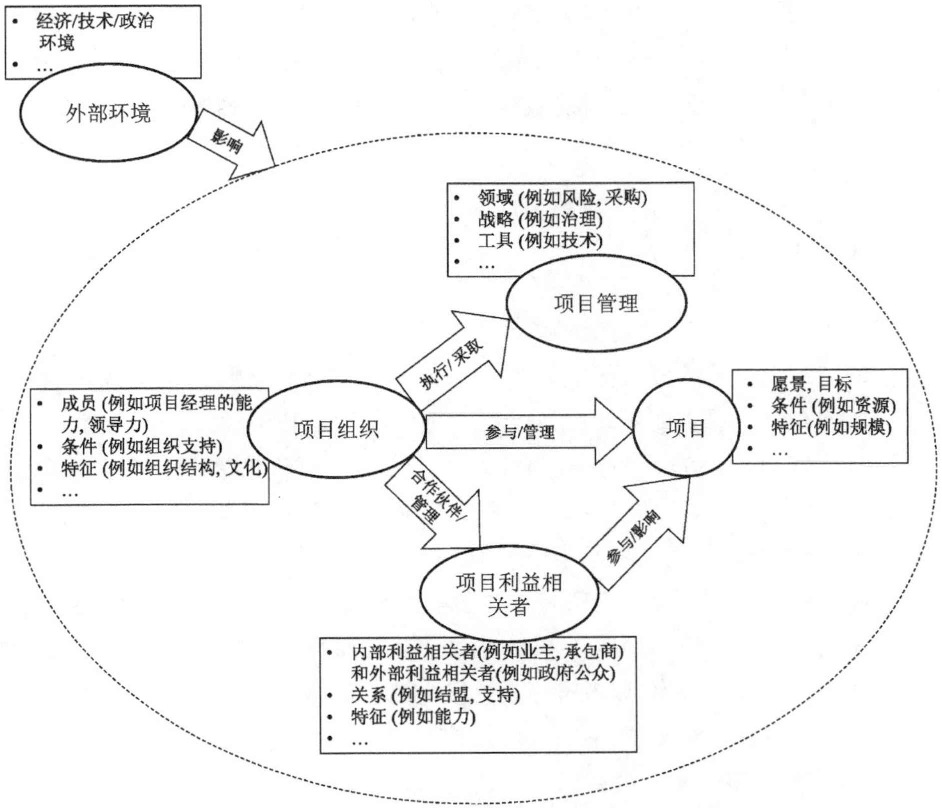

图 2.12　重大工程项目成功的关键要素概念框架

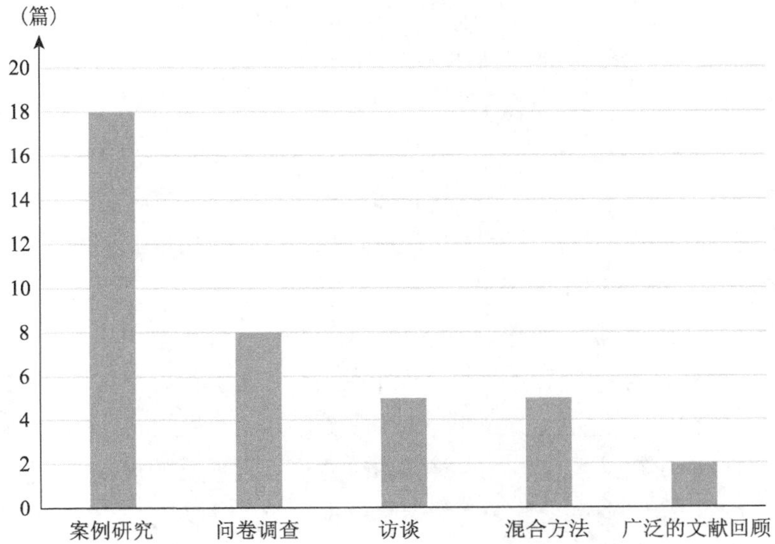

图 2.13　重大工程项目成功的评价指标和关键成功要素研究中采用的研究方法

过将不同方法的优点结合起来研究特定现象，使用混合方法具有优势（Osei-Kyei和Chan，2015），只有2篇文章将文献综述作为研究这一特定主题的方法。然而，应该指出的是，每种研究方法都有其优缺点，采用某一种方法取决于时间、范围和其他特定的研究背景。

2.4 研究综述评述

1. 关注重大工程项目成功问题

全球范围内快速的城市化也引发了重大工程的投资热潮，其中就包括了发达地区大量的存量建筑更新活动以及发展中地区的大量新建建设活动。根据麦肯锡公司的估算，到2030年，世界仍将需要约57万亿美元的基础设施投资，以确保预期的GDP增长。但是，当前的学术研究还明显落后于实践。在建设工程和管理领域中，众多项目成功相关的期刊文章还只是关注普通体量的建设项目，所得的研究成果对重大工程项目成功问题的参考力度相当有限。因此，未来的研究应该关注重大工程项目成功问题，例如关注此类项目的成功评价标准与维度，明晰此类项目的关键成功因素，以及考虑不同利益相关者在不同建设阶段中对重大工程项目成功评价标准和CSFs的不同观点等。

2. 聚焦发展中国家或地区的项目成功问题

基于笔者的文献综述结果可知，在过去的几十年里，发达国家或地区，如英国和中国香港，在项目成功议题的学术研究与工程实践方面均投入了大量精力，同时也得到了诸多有益的成果。然而，该议题在诸多发展中国家却没有得到充分的关注。同时，每项研究的开展也是根植于各国社会和文化背景之中的，而各国社会文化经济等方面的差异也很可能会导致项目成功研究结果的差异。以中国为例，项目组织多采取集中领导的策略，特别是在大型和重大工程中，以保证建设项目的高效执行。这种工程实践策略就与西方国家的情况非常不同。因此，未来研究建议多聚焦发展中地区的项目成功问题，以制定符合其社会、经济、文化发展的管理策略，从而提升策略的有效性。

3. 重大工程项目成功的评价指标

重大工程具有高度的复杂性和不确定性，涉及众多利益相关者，具有甚至长达百年的生命周期，这些特点明显有别于一般的建设工程项目。因此，当前针对普通工程项目的研究结果也不可直接使用于评价重大项目的成功，而应该为重大工程项目成功构建一个科学且适用的评估框架。此外，对重大工程项目成功的传统评价往往是基于静态视角或静态方法。然而，在重大工程的长生命周期中，外部环境、利益相关者、目标调整等诸多条件是处在复杂且动态变化之中的。所以，应当从动态性的角度认识和衡量重大工程项目成功。未来的研究可以考虑：哪些指标可以用来恰当地评价重大工程项目成功？如何在考虑动态和复杂性特征的条件下，科学测度重大工程项目成功？

4. 关键成功要素与重大工程项目成功之间的关系

目前，学者们对某一特定因素或几个特定因素与重大工程项目成功之间关系开展了研究，这些成果无疑也有助于管理者开展项目实践。但仍旧缺乏全面考虑关键成功要素与重大工程项目成功的关联性和可能存在的因果关系的研究。此外，在传统的项目管理研究中，学者并没有充分考虑关键要素与评价指标间可能存在的关联。然而，现有的研究表明，重大工程项目成功的指标和关键成功要素在很大程度上是相互依存的，并且存在复杂的相互作用。像案例研究和问卷调查这样的方法主要有利于因素的识别及其对重大工程项目成功的重要性排序，而更复杂的数据收集和分析可以用基于计算机的方法来完成。因此，未来可以关注以下议题：关键成功要素和重大工程项目成功之间有什么关系？哪些关键成功要素对重大工程项目成功有更大的贡献？我们如何基于这些识别出的关系来改善重大工程项目管理绩效？以及是否有更适宜的数据收集与分析方法来开展这项研究？

5. 重大工程项目成功中的人为因素

已识别关键成功要素主要集中在管理和技术因素上，对与人相关因素的研究相当有限。然而，与人有关的因素，如组织公民行为，其作为组织中一种常见的积极行为，已经被证明有助于提升组织效能，从而有利于实现项目成功的目标，但在建设工程和管理领域仍然缺乏系统的研究。因此，未来可以考虑：如何量化这些人为因素对重大工程项目成功的影响？我们如何在建设实践中培育像组织公民行为这种积极行为以提高项目成功的可能性？

2.5 本章小结

本章通过梳理项目成功及重大工程项目成功的相关概念及研究现状，为后续研究提供了扎实的理论基础。首先，通过文献综述，清晰地认识到当前研究不足，例如并未深入探讨重大工程项目成功问题、尤其是发展中国家/地区的项目成功问题等。其次，针对重大工程项目成功的评价指标和关键成功要素进行了综述，初步识别出 20 个评价指标和 36 个关键成功要素，分别构建了评价指标和关键要素的理论框架。最后，在经典项目管理理论的基础上，结合重大工程管理理论、复杂工程管理理论等，科学地提出本书的研究问题、研究方法与研究框架，从而系统地进行重大工程项目成功的维度识别（含关键评价指标）、关键成功要素及管理策略分析，并克服以往各研究内容独立、分割的不足。

第3章

重大工程项目成功的维度与关键评价指标

重大工程项目成功的评价指标分析是整个重大工程项目成功研究的基础。本章将系统分析重大工程项目成功的多维度内涵与评价指标，随后基于模糊集理论确定出关键评价指标，从而构建出重大工程项目成功的评价指标理论框架，为后续章节的关键成功要素与关键评价指标间的关系分析，以及重大工程项目成功的动态评估及提升策略分析提供研究基础。

3.1 评价指标的初步清单

如表 3.1 所示，笔者首先基于第 2 章文献综述的结果，初步确定了用于评价重大工程项目成功的指标清单架构，共分为四组，即“项目管理成功”“利益相关者满意度”“组织战略目标”和“综合社会影响”。

表 3.1 文献综述中总结的评估重大工程项目成功的指标

维度	指标	代表文献
项目管理成功	项目管理“铁三角”，健康与安全目标，满足规范	Atkinson (1999), TumanJ. (1986), Belassi 和 Tukel(1996)
利益相关者满意度	各利益相关者满意	Atkinson (1999), Shenhar 等 (1997), Westerveld (2003)
组织战略目标	商业盈利能力，经营策略	Shenhar 等 (2001), Cooke-Davies (2002), Turner 和 Zolin (2012)
综合社会影响	社会经济效益，社会和谐	Yan 等(2019), Turner 和 Xue (2018)

随后，在专家访谈的基础上，笔者调整了一些指标及其名称，并建立了一套包含 23 个初步评价指标的理论框架，作为问卷设计的基础。笔者将这些指标分为 5 类(表 3.2)，包括“项目实施效率及效果”“关键利益相关者满意”“企业(组织)战略目标达成”“行业的创新与发展”和“综合社会影响”。图 3.1 显示了重大工程项目成功的评价指标理论框架。首先，“项目实施效率及效果”主要体现在项目层面上，“关键利益相关者满意”和“企业(组织)战略目标达成”体现在组织层面上。其次，“行业的创新与发展”侧重于行业层面，“综合社会影响”主要立足于社会层面。

另外，“项目实施效率及效果”是短期效益，而其他可视为是长期效益。

表 3.2　评估指标清单

类别	指标	编码	来源
项目实施效率及效果	项目管理“铁三角”目标实现	x_1	文献综述
	职业健康、安全和环境(HSE)目标实现	x_2	文献综述
	符合设计、技术、环保等的相关规定和要求	x_3	文献综述
	满足设计使用功能，并提供公众所需的价值/服务	x_4	文献综述
关键利益相关者满意	政府方满意度	x_5	文献综述
	业主方满意度	x_6	文献综述
	参建单位的满意度(例如咨询方、设计方和施工方)	x_7	文献综述
	社会公众满意度	x_8	文献综述
	利益相关者之间建立良好的沟通与合作	x_9	文献综述
企业(组织)战略目标达成	收益或利润实现	x_{10}	文献综述
	新市场的开拓，或市场份额/竞争力提升	x_{11}	文献综述
	企业品牌或声誉的提升	x_{12}	文献综述
	新发明或新技术的使用	x_{13}	文献综述
	(企业/组织)培育新的能力或胜任力	x_{14}	文献综述
	为企业或项目培养专业人才	x_{15}	文献综述
行业的创新与发展	具有行业标杆或示范效应	x_{16}	访谈
	有效促进建筑业及相关产业的创新与协同发展	x_{17}	访谈
	行业在国际市场竞争力的提升	x_{18}	访谈
	具有重大工程技术和管理领域理论和实践创新贡献	x_{19}	访谈
综合社会影响	为国家或地区发展带来明显的社会经济效益	x_{20}	文献综述
	满足环境、社会和经济的可持续性发展要求和目标	x_{21}	文献综述
	增强社会的稳定，提升社会和谐度	x_{22}	文献综述
	提升公众自信心和自豪感	x_{23}	访谈

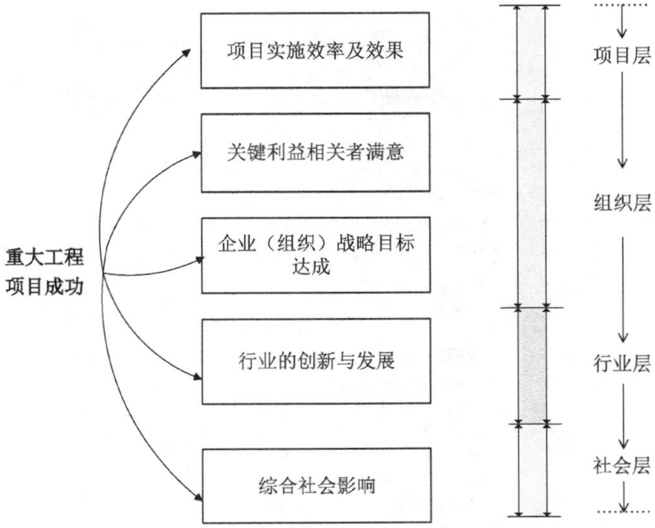

图 3.1　重大工程项目成功多维度框架

3.2　数据分析

通过问卷调研收集数据之后，笔者统计分析对评价指标的显著性进行了分析，结果如表 3.3 所示。其中，x_1 代表“满足项目管理‘铁三角’目标实现”指标，平均得分为 4.287，标准差为 0.886。但是，不同的项目参建方对每项指标打分有所不同。例如，业主对 x_1 指标打分的最后平均分为 4.340，标准差为 0.939，而施工方对 x_1 指标打分的平均分和标准差分别为 4.377 和 0.824。这一现象表明，不同的项目参建方对每个指标分配的权重不同。这种情况可以被解读为，不同的项目参建方对重大工程项目成功的评价指标优先级可能有不同的看法（Shen 等，2010）。

表 3.3　各项评价指标的显著性得分

维度	指标编码	所有（N=129）		业主方（N=47）		施工方（N=69）		设计方（N=13）	
		均值	标准差	均值	标准差	均值	标准差	均值	标准差
项目实施效率及效果	x_1	4.287	0.886	4.340	0.939	4.377	0.824	3.615	0.768
	x_2	4.341	0.805	4.319	0.887	4.493	0.633	3.615	0.961
	x_3	4.357	0.737	4.255	0.896	4.493	0.609	4.000	0.577
	x_4	4.302	0.756	4.255	0.846	4.391	0.669	4.000	0.816

（续表）

维度	指标编码	所有（$N=129$）		业主方（$N=47$）		施工方（$N=69$）		设计方（$N=13$）	
		均值	标准差	均值	标准差	均值	标准差	均值	标准差
关键利益相关者满意	x_5	4.395	0.765	4.298	0.857	4.565	0.581	3.923	0.987
	x_6	4.388	0.743	4.234	0.813	4.594	0.577	3.846	0.898
	x_7	4.124	0.791	4.021	0.897	4.232	0.730	3.923	0.641
	x_8	4.225	0.803	4.128	0.900	4.348	0.724	3.923	0.759
	x_9	4.248	0.857	4.149	0.932	4.391	0.771	3.846	0.898
企业（组织）战略目标达成	x_{10}	4.008	0.923	3.957	0.883	4.116	0.948	3.615	0.870
	x_{11}	4.217	0.819	4.000	0.978	4.391	0.669	4.077	0.760
	x_{12}	4.295	0.842	4.170	0.940	4.449	0.718	3.923	0.954
	x_{13}	4.093	0.861	4.043	0.884	4.203	0.850	3.692	0.751
	x_{14}	4.109	0.895	4.043	0.908	4.261	0.741	3.538	1.330
	x_{15}	4.186	0.817	4.085	0.830	4.348	0.783	3.846	0.751
行业的创新与发展	x_{16}	4.226	0.850	4.255	0.820	4.217	0.855	4.154	0.987
	x_{17}	4.062	0.958	4.170	0.916	4.029	0.970	3.846	1.068
	x_{18}	3.721	1.090	3.660	1.089	3.768	1.059	3.692	1.315
	x_{19}	3.992	0.956	4.000	0.933	3.971	0.970	4.077	1.037
综合社会影响	x_{20}	4.233	0.843	4.043	0.999	4.348	0.744	4.308	0.630
	x_{21}	4.194	0.781	4.021	0.872	4.304	0.713	4.167	0.725
	x_{22}	4.085	0.848	3.957	0.884	4.217	0.745	3.846	1.143
	x_{23}	4.225	0.841	3.957	0.977	4.406	0.671	4.231	0.926

3.2.1 可靠性分析

如前所述，克朗巴赫 α 系数可用于检测研究数据的可靠性。先前的研究表明，如果克朗巴赫 α 系数的值为 0.7 或更高，则该指标的评估数据是可靠的（Kim 和 Mueller，1978）。笔者基于 129 份有效的问卷数据计算了上述 5 个维度的克朗巴赫 α 系数，表 3.4 展示了计算数据。各组别的克朗巴赫 α 系数分别为 0.823、0.889、0.876、0.911 和 0.908，均超过 0.7。因此，可以判定该问卷调查的数据可靠性较强。

表 3.4　各指标评估克朗巴赫 α 值

维度	克朗巴赫 α	指标编码	均值(矫正后)	标准差(矫正后)	Alpha 值(矫正后)
项目实施效率及效果	0.823	x_1	13.00	3.641	0.773
		x_2	12.95	3.942	0.777
		x_3	12.93	4.081	0.763
		x_4	12.98	4.203	0.795
关键利益相关者满意	0.889	x_5	16.98	7.156	0.857
		x_6	16.99	7.148	0.850
		x_7	17.26	7.239	0.870
		x_8	17.16	7.460	0.887
		x_9	17.13	6.725	0.856
企业(组织)战略目标达成	0.876	x_{10}	20.90	12.576	0.893
		x_{11}	20.69	11.700	0.847
		x_{12}	20.61	11.411	0.841
		x_{13}	20.81	11.824	0.859
		x_{14}	20.80	11.068	0.839
		x_{15}	20.72	11.578	0.843
行业的创新与发展	0.911	x_{16}	11.78	7.473	0.894
		x_{17}	11.94	6.840	0.881
		x_{18}	12.28	6.343	0.896
		x_{19}	12.01	6.711	0.868
综合社会影响	0.908	x_{20}	12.50	4.939	0.881
		x_{21}	12.54	5.047	0.865
		x_{22}	12.65	5.010	0.893
		x_{23}	12.51	4.986	0.886

3.2.2　基于模糊集理论的关键评价指标分析

考虑到专家的意见可能是主观的，并且包含模糊性。因此，笔者使用模糊集理论来进一步分析重大工程项目成功的关键评价指标(Xu 等，2012)。模糊集理论是由 Zadeh 在 1965 年提出的，适用于解决由于描述现实世界系统的信息不精确、不确定或不可靠导致的复杂问题(Tahand Carr，2000)。该理论自问世以来，已广泛应用于工程、管理和社会科学等许多研究领域(Xu 等,2012)。例如,Tah 和 Carr (2000)使用模糊集理论来评估建设项目风险,以考虑项目的时间、成本、质量和安全绩效措施方面的效果。Shen 等(2010)利用这一理论确定了基础设施可持续性的关键评价指标。

与传统的集合论不同,模糊集理论中的隶属度值来源于集合中的元素,它可以是从 0 到 1 的任何实数值(Tahand Carr, 2000),即模糊集中的隶属度等级可能落在区间[0, 1]内的任意位置。如果隶属度等级等于 0,则表明该元素不是集合的成员。反之,隶属度值为 1,则表示该元素属于此集合(Hadipriono, 1988)。

在问卷中,每个指标的重要性从 1～5 进行评分,其中 1 的重要性最低,5 的重要性最高,3 为中性水平。如果一个评价指标的平均值高于 4,则该指标落在关键评价指标集合之中的可能性很高。同时,在确定某一指标是否属于关键评价指标集时,也应考虑标准差的数值(Xu 等,2012)。如果标准差很大,那么该指标可能并不太重要。因此,笔者引入参数 Z 来确定某一指标是否应该在关键评价指标集合中,见式(3.1)。

$$Z=(Mean-4)/sd 。\tag{3.1}$$

根据统计学相关知识,当 $Z=1.65$ 时,一个指标的得分落在 $[4, \infty]$ 范围内的概率为 95%(Xu 等,2012),如图 3.2 所示。然而,由于受访者主观判断过程中涉及的模糊性,问卷调查的分数并非呈现正态分布(Shen 等,2010)。因此,使用模糊分布而不是正态分布描述问卷数据更加合理。根据模糊集理论,一个变量属于一个集合的可能性称为该变量在模糊集中的隶属度(Zimmermann, 2001),其可以被计算为式(3.2):

$$m(x_i)=\int_4^{\infty} f(x_i)\,\mathrm{d}x=1-P_f ,\tag{3.2}$$

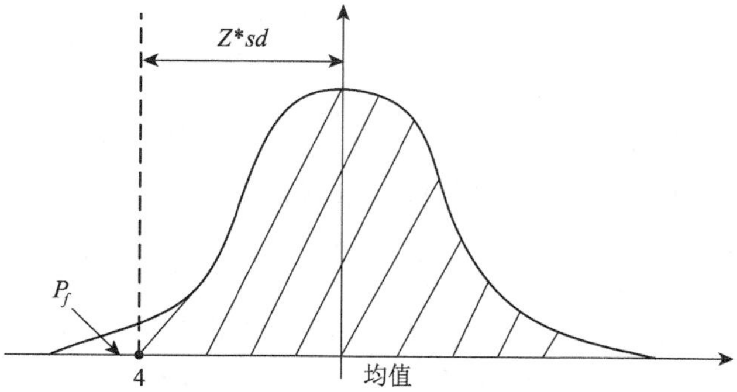

图 3.2　指标显著性得分的正态分布

其中，P_f 是变量不属于该集合的可能性。

基准值对于判断一个指标是否为关键评价指标是必不可少的。换言之，如果 x_i 被视为关键评价指标，则 $m_A(x_i)$ 应满足给定值 (λ)。本书从业主方、施工方和设计方三类专家中收集问卷数据；以 $\widetilde{A}_O$，$\widetilde{A}_C$ 和 $\widetilde{A}_D$ 分别表示三个不同的关键评价指标模糊集。利用各评价指标显著性得分的式(3.1)和式(3.2)，可以计算出 Z 的数值和隶属度 $m(x_i)$。表 3.5 显示了 $m_O(x_i)$，$m_C(x_i)$ 和 $m_D(x_i)$ 的计算结果。

每个指标的最终综合模糊集应基于三个模糊集的并集计算。根据模糊集理论中联合算子的定义(Yager，1980)，综合模糊集可以被定义为式(3.3)：

$$\widetilde{A} = \widetilde{A}_O \cup \widetilde{A}_C \cup \widetilde{A}_D = \{x,\ m_{\widetilde{A}_O \cup \widetilde{A}_C \cup \widetilde{A}_D}(x)/x \in X\}, \tag{3.3}$$

其中，$m_{\widetilde{A}_O \cup \widetilde{A}_C \cup \widetilde{A}_D} = \min\{1,\ [m_{\widetilde{A}_O}(x)^n + m_{\widetilde{A}_C}(x)^n + m_{\widetilde{A}_D}(x)^n]^{1/n}\}$。　(3.4)

在本书中，n 为 23，即指标总数。基于式(3.3)和式(3.4)计算出的最终综合模糊集 $m(x_i)$ 的结果在表 3.5 的最后一列中呈现。

表 3.5　关键评价指标隶属度

指标集 X	业主方		施工方		设计方		计算结果
	Z_O	$m_{\widetilde{O}}(x_i)$	Z_C	$m_{\widetilde{C}}(x_i)$	Z_D	$m_{\widetilde{D}}(x_i)$	$m_{\widetilde{A}}(x_i)$
x_1	0.363	0.642	0.457	0.676	−0.501	0.308	0.684
x_2	0.360	0.640	0.778	0.782	−0.400	0.344	0.782*
x_3	0.285	0.612	0.809	0.791	0	0.500	0.791*
x_4	0.302	0.619	0.585	0.721	0	0.500	0.722*
x_5	0.347	0.636	0.973	0.835	−0.078	0.469	0.835*
x_6	0.288	0.613	1.030	0.848	−0.171	0.432	0.848*
x_7	0.024	0.509	0.317	0.625	−0.120	0.452	0.625
x_8	0.142	0.556	0.480	0.685	−0.101	0.460	0.685
x_9	0.160	0.563	0.507	0.694	−0.171	0.432	0.694
x_{10}	−0.048	0.481	0.122	0.549	−0.442	0.329	0.550
x_{11}	0	0.500	0.585	0.721	0.101	0.540	0.721*
x_{12}	0.181	0.572	0.626	0.734	−0.081	0.468	0.734*
x_{13}	0.048	0.519	0.239	0.594	−0.410	0.341	0.595

（续表）

指标集 X	业主方		施工方		设计方		计算结果
	Z_O	$m_{\tilde{O}}(x_i)$	Z_C	$m_{\tilde{C}}(x_i)$	Z_D	$m_{\tilde{D}}(x_i)$	$m_{\tilde{A}}(x_i)$
x_{14}	0.047	0.519	0.352	0.638	−0.347	0.364	0.638
x_{15}	0.103	0.541	0.444	0.672	−0.205	0.419	0.672
x_{16}	0.311	0.622	0.254	0.600	0.156	0.562	0.634
x_{17}	0.186	0.574	0.030	0.512	−0.144	0.443	0.575
x_{18}	0.313	0.377	−0.219	0.413	−0.234	0.408	0.425
x_{19}	0	0.500	−0.030	0.488	0.074	0.530	0.538
x_{20}	0.043	0.517	0.467	0.680	0.488	0.687	0.705*
x_{21}	0.024	0.510	0.427	0.665	0.230	0.591	0.667
x_{22}	−0.048	0.481	0.292	0.615	−0.134	0.446	0.615
x_{23}	−0.044	0.483	0.605	0.727	0.249	0.598	0.728*

注：* 表示隶属度大于 0.7。

为了确定最终的关键评价指标，笔者采用了 λ -cut 集合。该集合可以将模糊集合转换为普通集合。Tervonen 等人在 2009 年指出在 0.5～0.8 范围内的 λ 值对于分析是有效的。在本书中，采用 $\lambda=0.7$ 作为选择关键评价指标的标准。

图 3.3 描述了识别关键评价指标的过程。当指标 x_i 的综合模糊集 $m_{\tilde{A}}(x_i)\geqslant 0.7$ 时，指标 x_i 即可被选为关键评价指标。

3.3 结果讨论

由图 3.4 可知，本书共有 9 个重大工程项目成功的关键评价指标。其中“项目实施效率及效果”维度中包括 3 个指标：“符合设计、技术、环保等的相关规定和要求”“职业健康、安全和环境（HSE）目标实现”和“满足设计使用功能，并提供公众所需的价值/服务”，“关键利益相关者满意”中包括 2 个指标“业主方满意度”和“政府方满意度”，“企业（组织）战略目标达成”维度中包括 2 个指标：“企业品牌或声誉的提升”和“新市场的开拓，或市场份额/竞争力的提升”，“综合社会影响”中包括 2 个指标：“提升公众自信心和自豪感”和“为国家或地区发展带来明显的社会经济效益”。

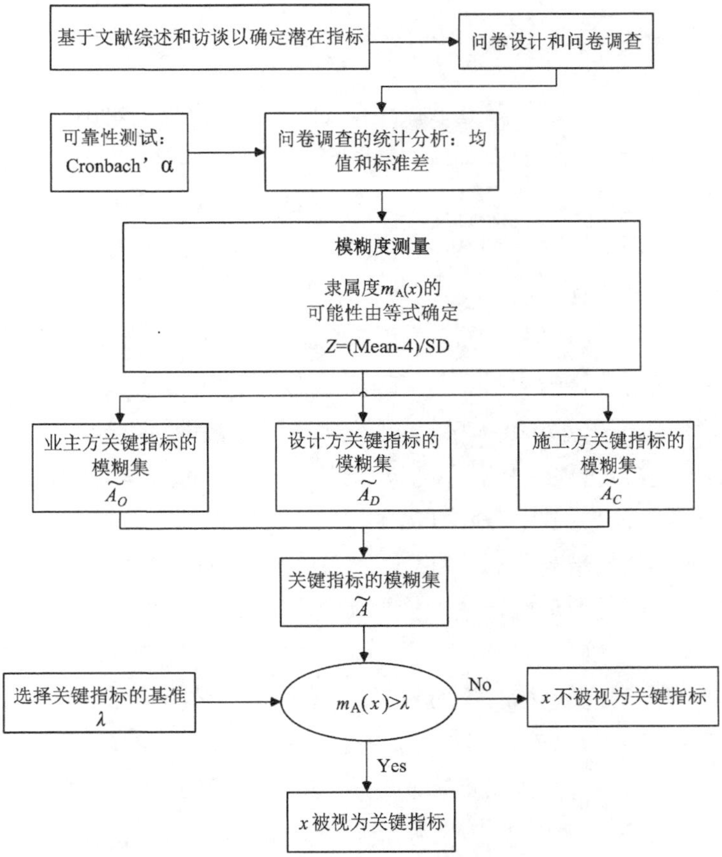

图 3.3　关键评价指标的识别流程

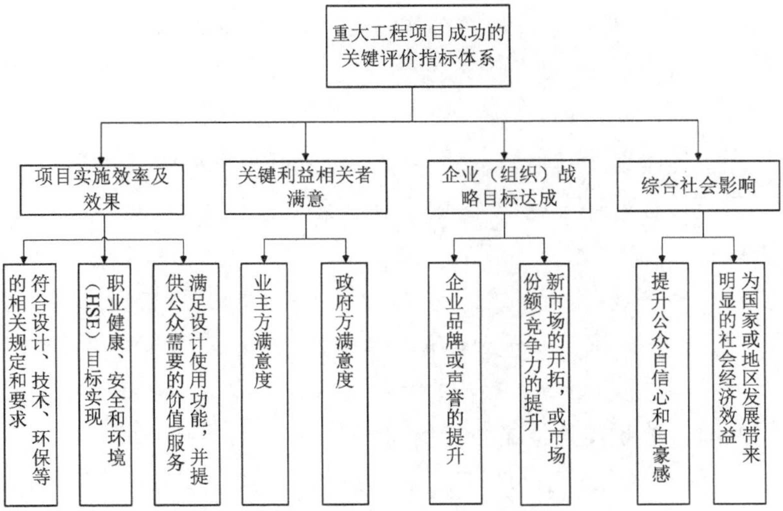

图 3.4　重大工程项目成功的关键评价指标体系

3.3.1 项目实施效率及效果

在“项目实施效率及效果”这一维度中，有 3 个指标被确定为重大工程项目成功的关键评价指标，其中“符合设计、技术、环保等的相关规定和要求”被列为最重要的指标，$m_{\tilde{A}}(x_3)$ 值为 0.791。位列第二的指标是“职业健康、安全和环境(HSE)目标实现”，$m_{\tilde{A}}(x_2)$ 值为 0.782，最后是“满足设计使用功能，并提供公众所需的价值/服务”指标，$m_{\tilde{A}}(x_4)$ 值为 0.722。

“符合设计、技术、环保等的相关规定和要求”是项目顺利交付的重要前提，客户绝对不会接受不合格的项目。与普通规模的项目相比，重大工程往往会受到更加严格的监管措施(Greiman, 2013b)。造成这种现象的可能原因是，重大工程因其投资规模大、政治重要性和对环境、社会和福利的深远影响等特点，一直受到政府、公众和媒体的高度关注。在中国，重大工程往往都是由政府投资兴建的，这也就意味着其建设资金来源于税收(Le 等，2016b)。因此，与其他类型的项目相比，公众对有关重大工程的新闻往往也会更加关注。此外，政府部门也会执行更为严格的措施或规定，以确保项目的顺利交付。例如，审计部门可以实施突破传统的审计流程，以提高透明度并实现项目审计的全面监督(Greiman, 2013b)。与此同时，重大工程的参与者也可以制定高标准的法规或规范。例如，京沪高铁的参建方就提出了“攀登高峰，成为世界一流”的口号(Wang, 2016)。同样，三峡大坝的项目负责人强调，这个重大工程必须按照世界一流的标准建造(Li, 2011)。

“职业健康、安全和环境(HSE)目标实现”也是评估项目成功与否的重要标准，因为数据显示建筑行业是最不安全的行业之一，并且死亡率很高(Hare 等，2006)。此外，重大工程的建设也时常伴随着显著的负面环境影响，例如材料和资源、大量能源的过度消耗，以及固体废物的产生(Yan 等，2019；Wang 等，2018b；Chan 和 Chan, 2004)。在评估重大工程项目成功与否时，该项指标应被高度重视，因为重大工程建设过程中的事故往往会导致更为严重的后果和广泛的舆论。根据世界卫生组织(WHO)的统计，中国的道路交通事故死亡人数居世界前列，每 10 万居民中有 18.8 人死亡(每年)，远高于英国(2.9 人/年)。造成这种现象的主要原因是技术设计不佳和道路质量问题(WHO, 2015)。随着国人对安全和环境问题的意识日益增强，项目中涉及的健康、安全和环境问题越来越受到关注。例如，担任 C919 客机项目行政指挥长的上海飞机设计研究院韩可岑说过，“时间不是最重要的因素，首要任务是保证飞机的安全……十年前不会听到这样的话，当时中国的‘旧常态’首先是速度”(Chen, 2014)。在港珠澳大桥项目上，港珠澳大桥管理局安全环保部副部长戴希红曾夸赞这项重大工程实现了“零伤害、零污染、零事故”的目标(Liu 等,2018)。

该维度中的最后一个关键指标是“满足设计使用功能,并提供公众所需的价值/服务”。建设重大工程的主要目的在于改善人们的生活,促进社会发展(Sheng, 2018)。如果不考虑公众需要的价值或服务,该项目可能被视为失败,因为公众通常才是重大工程的用户。因此,公众需要的价值或服务不应被忽视。既往的研究中也指出,一些基础设施的使用效率低下,因为它们无法产生价值或提供公众实际需要的服务(Shen 等,2010)。

3.3.2 关键利益相关者满意

“关键利益相关者满意”维度中只有2个指标被确定为关键评价指标,即“业主方满意度”和“政府方满意度”(分别为$m_{\tilde{A}}(x_6)=0.848$和$m_{\tilde{A}}(x_5)=0.835$)。利益相关者是成功指标的接受者和实施者;因此,他们的需要应该得到满足。诸多研究表明,项目利益相关者的满意度在维持成功目标中起着至关重要的作用(Hu 等,2015a)。通常,业主是建设项目中所有利益相关者的核心(Yan 等,2019),在确保项目成功方面发挥着关键作用(Winch 和 Leiringer, 2016)。因此,业主方的满意度应该是该组别中的优先事项。

项目所有者是项目资产的所有者,而项目发起人则为项目提供资金支持。有时,所有者或发起人可以同时担任“开发商”或“管理顾问”以及“投资者”或“资助者”的双重角色(Greiman, 2013b)。一般而言,私人投资项目的所有者和发起人是分开的。然而,在重大工程中,政府通常扮演着不同的角色,如决策者、投资者、项目经理和运营商。以港珠澳大桥为例,针对粤港澳三地共建管理的特殊性,在现行法律法规的基础上,建立了创新合作的决策机制,即为建设这座超级桥梁,建立了三个地方政府的共建共管模式(Zhu 等,2018)。图3.5显示了港珠澳大桥的组织结构,包括中央政府、地方政府(广东省政府、香港特别行政区政府、澳门特别行政区政府)和相关政府部门(例如国家发展和改革委员会)都参与了该重大工程。尽管各部门在项目中的角色不同,但都为项目的成功交付发挥了重要作用。因此,政府方的满意度应该被视为“关键利益相关者满意”维度中的一个关键评价指标。

3.3.3 企业(组织)战略目标达成

在“企业(组织)战略目标达成”组别中包含了2个关键评价指标,包括“企业品牌或声誉的提升”[$m_{\tilde{A}}(x_{12})=0.734$]和“新市场的开拓,或市场份额/竞争力的提升”[$m_{\tilde{A}}(x_{11})=0.721$]。提高公司的品牌或声誉被视为组织目标的重要成功标准

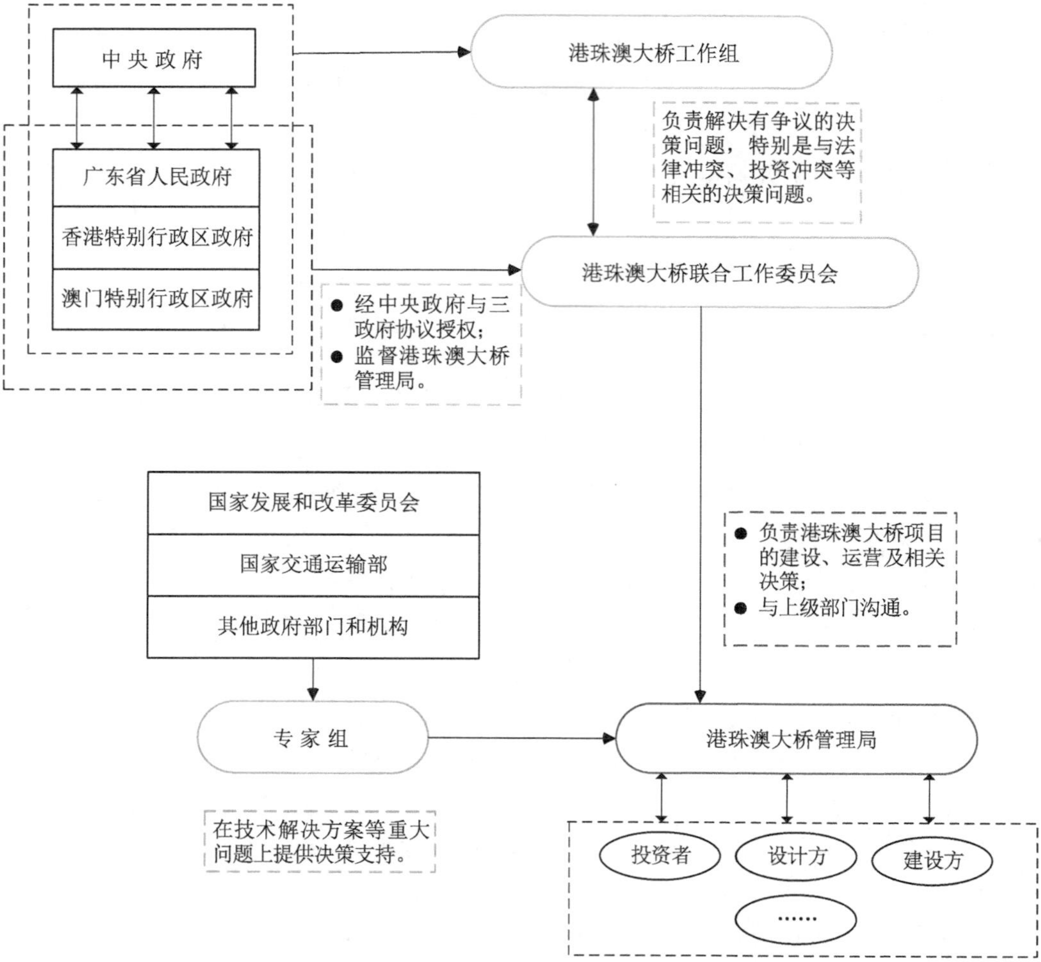

图 3.5　港珠澳大桥组织架构

注：该图部分资料引用自 Qiu 等(2019)的工作。

(Shenhar 等,2001)。参与重大工程项目的公司通常在某个领域已经取得了巨大的成功或声望,也会更看重企业的发展或其他长远利益,而不是只关注经济利益的最大化(Li 和 Liang，2014;Yang 等,2018)。良好的品牌或声誉可以提高公司的竞争力,从而有助于实现获得额外的长期潜在利益的目标(Tao 和 Guo，2013)。

中国的重大工程的项目参建方大多是国有企业或与政府关联密切的“成功”企业(Hu 等,2015a)。因此,诸多项目经理或领导者都会在半官方的行业协会中担任兼职职位(Le 等,2016a)。例如,在京沪高铁项目中,国务院原副总理曾培炎担任领导小组组长,副组长由时任发改委主任张平、铁道部部长盛广祖和国务院副秘书长楼继伟担任。京沪高铁建设领导小组办公室、京沪高速铁路股份有限公司、京沪高铁建设指挥部等也有类似组织架构，图 3.6 显示了京沪高铁的整体组织架构。

参与重大工程的建设是企业与政府保持加强联系的有力方式之一（Li 等，2011）。具有良好品牌或声誉的公司可能会更容易获得政府的青睐，从而获得额外的资源，例如更高的合法性和市场评估权（Li 和 Liang，2014）。同时，声誉良好的公司，特别是国有企业的经理或领导，也更有可能获得政治晋升。追求政治晋升也可能会激励管理者在重大工程中表现得更为突出，从而取得令人满意的业绩，也有助于提升公司的品牌或声誉。

与“企业品牌或声誉的提升”类似，“新市场的开拓，或市场份额/竞争力的提升”也属于长期的组织目标。该成功标准被确定为企业（组织）战略目标达成这一组别中的关键评价指标，这与之前的其他研究（例如 Yan 等（2019）和 Shenhar 等（2001））结论相一致。如前所述，参与重大工程的建设是展示参建方实力和良好品牌形象的大好机会。大型项目中的品牌效应和经验可以帮助企业获得未来潜在的项目机会和市场份额（Chi 等，2011；Xing 和 Chalip，2009）。与短期利益相比，长期目标，例如新市场的开拓或增加市场份额，自然会受到参建方的高度重视（Turner 和 Muller，2003）。

3.3.4　综合社会影响

在“综合社会影响”维度中也确定了 2 个关键评价指标，包括“提升公众自信心和自豪感”[$m_{\tilde{A}}(x_{23})=0.728$] 和“为国家或地区发展带来明显的社会经济效益”[$m_{\tilde{A}}(x_{20})=0.705$]。重大工程经常引起公众的广泛关注，当项目成功交付后，公众往往会为项目感到自豪；这种感觉对于维护社会和谐稳定非常重要，特别是对于拥有 14 亿人口的中国而言（Wang 和 Cui，1993）。此外，重大工程通常也有政治战略考量（Flyvbjerg，2014）。青藏铁路是世界上最高、最长的高原铁路，全长 1 142 km。按照铁道部的要求，该重大工程也把促进民族团结和凝聚力作为一项政治任务。通过 5 年的建设，该铁路也使得青藏经济得到了发展，社会凝聚力也得到了提高（Wang，2008）。

重大工程也会产生重大的社会经济影响。据报道，2014 年 6 月和 7 月的世界杯，以及 2016 年在巴西举行的夏季奥运可以带来大约 1 000 亿美元的资金收入，并创造 12 万个新工作岗位（Ernst 和 Terco，2011）。Graham 在 2007 年研究了伦敦大都市区的一条新轨交项是如何提高社会经济效益的（表 3.6 定量展示了其数据）。

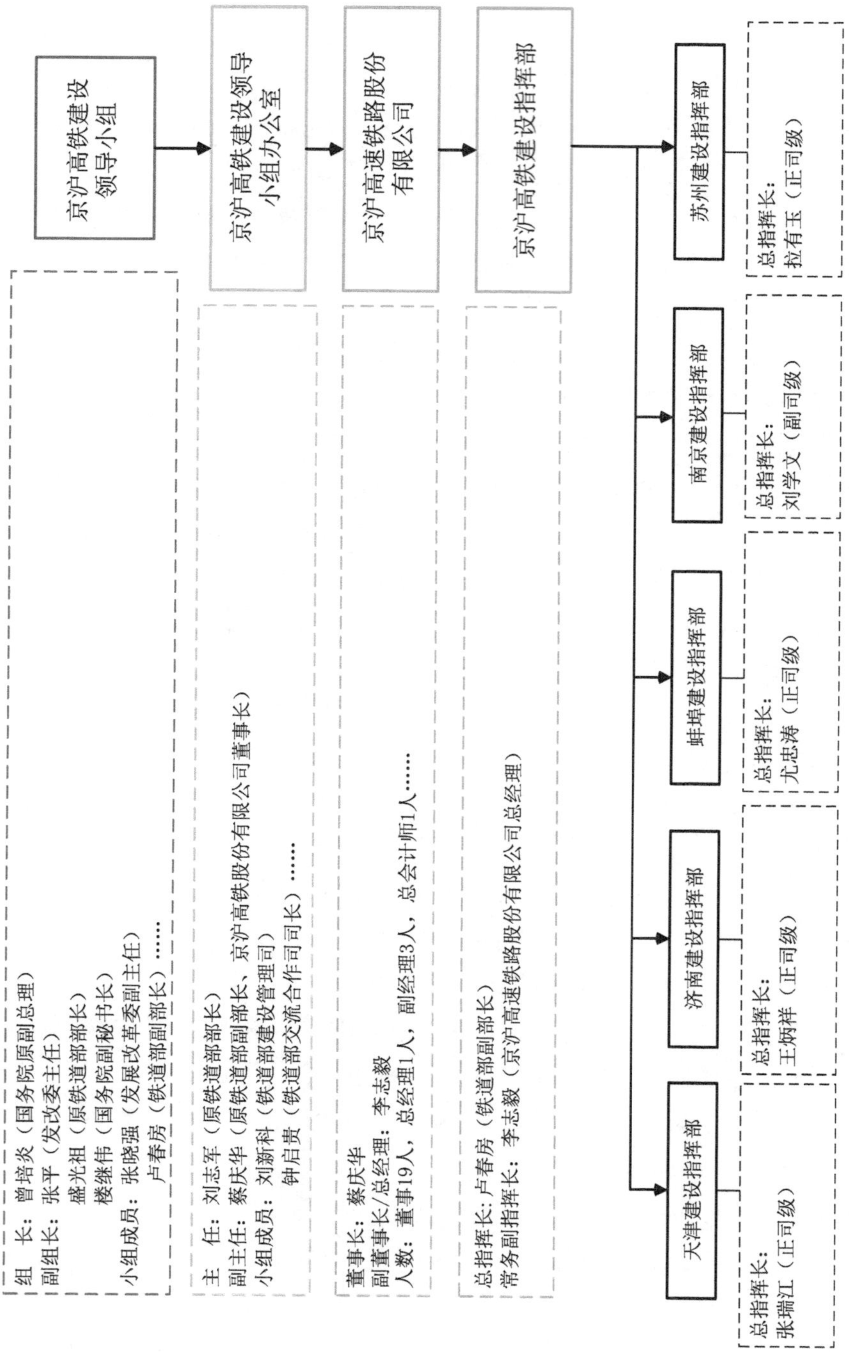

图 3.6　京沪高铁总体组织架构

表 3.6　英国伦敦 Crossrail 项目的益处(Graham，2007)

益处	收益(百万英镑)	国内生产总值(百万英镑)
节省业务时间	4 487	4 487
节省通勤时间	4 152	—
空闲时间节省	3 833	—
交通用户总收益	12 832	—
增加的劳动力岗位	3 094	872
工作时间更长的人	0	0
转向更有生产力的工作	485	10 772
集聚效益	3 580	3 094
竞争加剧	—	0
不完全竞争	—	485
GDP 财政的增加	—	—
常规评估的补充	7 159	—
合计	19 991	20 069

3.4　本章小结

本章的重点在于确定重大工程项目成功的维度(含评价指标)及关键评价指标。首先,基于全面的文献回顾和专家访谈,以识别潜在的评价指标清单。其次,通过问卷调查揭示了“项目实施效率及效果”“关键利益相关者满意”“企业(组织)战略目标达成”“行业的创新与发展”和“综合社会影响”5 个维度共 23 项成功评价指标。最后,利用模糊集理论确定了用以评估重大工程项目成功的 9 个关键评价指标,包括“符合设计、技术、环保等的相关规定和要求”“职业健康、安全和环境(HSE)目标实现”“满足设计使用功能,并提供公众所需的价值/服务”“业主方满意度”“政府方满意度”“企业品牌或声誉的提升”“新市场的开拓,或市场份额/竞争力的提升”“提升公众自信心和自豪感”“为国家或地区发展带来明显的社会经济效益”。

第4章 重大工程项目成功的关键成功要素

重大工程项目成功的关键要素识别也是本书的基础内容之一。本章将系统分析重大工程项目成功的潜在关键要素,基于问卷调研和结构方程模型识别出重大工程项目成功的关键要素,继而通过因子分析将其聚类,从而构建重大工程项目成功的关键要素框架,为后续章节的关键成功要素与关键评价指标间的关系分析,以及重大工程项目成功的动态评估及提升策略分析提供研究基础。

4.1 关键成功要素的识别与排序

与确定重大工程项目成功的初步评价指标相类似,确定潜在的关键成功要素也需要基于全面的文献综述和专家访谈。表4.1列出了已识别的关键成功要素的初步清单。笔者初步将这些要素划分为五类,“与项目本身相关因素”“与项目参建方(组织)相关的因素”“经济与管理相关因素”“创新因素”“外部环境因素”。

表4.1 关键成功要素的初步清单

编号	类别	成功要素	来源
1	与项目本身相关的因素	清晰的战略愿景	文献综述
2		项目目标与成功间的一致性	文献综述
3		清晰的项目目标与项目定义,确保项目能够持续进行	文献综述
4		有效的项目战略与目标规划	文献综述
5		良好的项目治理	文献综述
6		项目的组织设计和结构	文献综述
7	与项目参建方(组织)相关的因素	关键利益相关者之间的良好伙伴关系	文献综述
8		参建方之间充分的沟通与协调	文献综述
9		利益相关者之间的信任	文献综述
10		业主方的胜任力和领导力	文献综述
11		项目管理者的胜任力和领导力	文献综述
12		承包商的胜任力	文献综述

（续表）

编号	类别	成功要素	来源
13	与项目参建方（组织）相关的因素	参建人员甘于奉献，尽职尽责；能够自觉完成任务甚至做出超越职责要求外的，但对项目有利的积极行为	专家访谈
14		来自组织内部的强有力支持	文献综述
15		良性的组织和项目文化	文献综述
16	经济与管理相关因素	充足的物资	文献综述
17		建立有效的激励和约束机制	专家访谈
18		项目的系统控制、协调和整合机制	文献综述
19		有效的风险管理、合理的风险共担机制	文献综述
20		有效的复杂性降解和管控	文献综述
21		良好的范围管理	文献综述
22		有效和详尽的合同管理	文献综述
23		选择适当的承发包模式	文献综述
24		竞争和透明的采购过程、有效控制腐败行为	专家访谈
25	创新因素	引导并注重创新管理	专家访谈
26		业主提供必要的创新资源和创新环境，如提供补贴以促进创新行为	专家访谈
27		注重前期科研及必要的人才培养	专家访谈
28		以往相似项目的经验积累和人才储备	文献综述
29		采用或创新性地吸收改进先进的技术和方法	文献综述
30	外部环境因素	国家（政府）的直接或强有力的领导	文献综述
31		政府及相关机构的有力支持	专家访谈
32		公众对建设项目的接受和支持	文献综述
33		有效的外部监督和监管	专家访谈
34		充分了解外部环境条件对项目实施的限制	文献综述
35		社会、经济、政治环境的稳定性	文献综述

随后，笔者采用 SPSS v25.0 软件对收集到的问卷数据进行分析。经过计算，克朗巴赫 α 总系数为 0.955，五个类别的克朗巴赫 α 系数分别为 0.861、0.870、0.881、0.728 和 0.751，所有克朗巴赫 α 的数值均大于 0.7，表明五点量表的信度较高，问卷数据具有较高的可信度。表 4.2 列出了克朗巴赫 α 系数的统计结果。

表 4.2　克朗巴赫 α 系数

编号	类别	克朗巴赫 α	删除后均值	删除后标准差	删除后 α 值
1	与项目本身相关的因素	0.861	21.21	10.198	0.858
2			21.32	9.281	0.832
3			21.22	9.999	0.846
4			21.29	9.381	0.828
5			21.32	9.140	0.834
6			21.36	9.341	0.828
7	与项目参建方(组织)相关的因素	0.870	34.24	19.325	0.848
8			34.22	19.113	0.847
9			34.36	19.827	0.857
10			34.35	18.713	0.849
11			34.32	18.219	0.842
12			34.36	18.497	0.845
13			34.29	22.769	0.891
14			34.30	19.838	0.858
15			34.40	19.335	0.858
16	经济与管理相关因素	0.881	33.37	23.595	0.871
17			33.73	27.137	0.907
18			33.53	21.829	0.847
19			33.47	22.157	0.851
20			33.52	22.548	0.857
21			33.53	22.173	0.850
22			33.45	22.359	0.852
23			33.47	23.485	0.868
24			33.59	25.400	0.898
25	创新因素	0.728	16.38	5.394	0.622
26			16.34	5.695	0.629
27			16.22	5.874	0.633
28			16.20	6.834	0.767
29			16.19	6.657	0.731

（续表）

编号	类别	克朗巴赫 α	删除后均值	删除后标准差	删除后 α 值
30	外部环境因素	0.751	21.12	6.328	0.693
31			21.09	7.360	0.736
32			21.22	6.531	0.696
33			21.47	7.204	0.772
34			21.19	6.043	0.667
35			21.16	6.715	0.719

表 4.3 列出了重大工程项目成功的关键成功要素排名。值得一提的是，如果两个或两个以上的因素具有相同的平均值，则标准偏差最小的因素即为排序最靠前的因素。Xu 等(2011)曾指出在五点量表中，均值大于等于 4 的因素即可视为关键要素。因此，本书采用这一标准，去除 3 个均值低于 4 的因素(“有效的外部监督和监管”“建立有效的激励和约束机制”“引导并注重创新管理”)，共有 32 个因素最终被确定为关键成功要素。

表 4.3　重大工程项目成功的关键成功要素排名

	成功要素	均值	标准差
CSF1	参建方之间充分的沟通与协调	4.38	0.752
CSF2	政府及相关机构的有力支持	4.36	0.637
CSF3	关键利益相关者之间的良好伙伴关系	4.36	0.728
CSF4	清晰的项目目标与项目定义，确保项目能够持续进行	4.33	0.741
CSF5	清晰的战略愿景	4.33	0.764
CSF6	国家(政府)的直接或强有力领导	4.33	0.782
CSF7	充足的物资	4.33	0.842
CSF8	参建人员甘于奉献，尽职尽责；能够自觉完成任务甚至做出超越职责要求的，但对项目有利的积极行为	4.32	0.696
CSF9	来自组织内部的强有力支持	4.3	0.756
CSF10	社会、经济和政治环境的稳定	4.29	0.762
CSF11	项目管理者的胜任力和领导力	4.29	0.85
CSF12	充分了解外部环境条件对项目实施的限制	4.26	0.786
CSF13	有效和详尽的合同管理	4.26	0.803

(续表)

	成功要素	均值	标准差
CSF14	业主方的胜任力和领导力	4.26	0.832
CSF15	有效的项目战略与目标规划	4.25	0.781
CSF16	承包商的胜任力	4.25	0.829
CSF17	利益相关者之间的信任	4.24	0.748
CSF18	有效的风险管控,合理的风险共担机制	4.24	0.818
CSF19	选择合适的承发包模式	4.24	0.827
CSF20	公众的接受和支持	4.23	0.734
CSF21	项目目标与成功间的一致性	4.22	0.822
CSF22	良好的项目治理	4.22	0.859
CSF23	良性的组织和项目文化	4.21	0.835
CSF24	项目的组织设计和结构	4.19	0.788
CSF25	有效的复杂性降解和管控	4.19	0.827
CSF26	良好的范围管理	4.18	0.805
CSF27	项目的系统控制、协调和整合机制	4.18	0.824
CSF28	采用或创新性地吸收改进先进的技术与方法	4.14	0.845
CSF29	以往相似项目的经验积累和人才储备	4.13	0.905
CSF30	注重前期科研及必要的人才培养	4.12	0.797
CSF31	竞争和透明的采购过程,有效控制腐败行为	4.12	0.941
CSF32	业主提供必要的创新资源和创新环境,如提供补贴以促进创新行为	4.00	0.843
CSF33	有效的外部监督和监管	3.98	0.824
CSF34	建立有效的激励和约束机制	3.98	0.852
CSF35	引导并注重创新管理	3.95	0.917

4.2 关键成功要素的因子分析

32 个关键成功要素并不足以解释重大工程项目成功,有必要进一步采用因子分析来研究和已确定的关键成功要素之间的潜在关系。因子分析是指研究从变量群中提取共性因子的统计技术(Hair 等,1998)。该方法可通过因子提取和旋转两步进行,前者的目的是通过主成分分析(PCA)来确定因素。PCA 是一种常见的因素分析方法，可以用数学方法表示派生的线性组合，以避免使用不确定的因果模型(Johnson, 1998)，随后可通过因子旋转来提高因子的可解释性。本步骤中使用了 Varimax 旋转技术，因为该技术可以产生易于解释的旋转组合矩阵(Akintoye, 2000)。该方法当前已被广泛应用于建筑管理领域的研究中(Chan 等，2004a)。表 4.4 显示了 32 个关键成功要素的因子分析结果。

表 4.4　关键成功要素的变量解释性方差

序号	特征值	方差贡献率	累积方差贡献率
1	14.335	44.797	44.797
2	2.986	9.331	54.128
3	1.507	4.709	58.837
4	1.308	4.087	62.924
5	1.252	3.914	66.838
6	1.168	3.651	70.489
7	0.916	2.861	73.350
8	0.784	2.449	75.799
9	0.763	2.385	78.183
10	0.710	2.218	80.401
11	0.657	2.053	82.454
12	0.531	1.659	84.113
13	0.494	1.543	85.655
14	0.453	1.417	87.072
15	0.440	1.376	88.448
16	0.403	1.260	89.708
17	0.364	1.137	90.844
18	0.359	1.121	91.966
19	0.330	1.031	92.996
20	0.294	0.918	93.915
21	0.244	0.764	94.678
22	0.241	0.753	95.432
23	0.217	0.678	96.110
24	0.210	0.656	96.766
25	0.191	0.598	97.363

(续表)

序号	特征值	方差贡献率	累积方差贡献率
26	0.160	0.500	97.863
27	0.152	0.474	98.338
28	0.136	0.425	98.763
29	0.116	0.362	99.125
30	0.110	0.345	99.470
31	0.092	0.288	99.758
32	0.077	0.242	100.000

特征值代表各因子的总方差。例如,由要素1组合形成的线性组合的方差为14.335,占32个因子变量总方差的44.797%。如前所述,KMO检验是对抽样充分性的衡量,它比较了偏相关系数的大小(Lam等,2008)。本书中的KMO值为0.910,大于0.5。此外,Bartlett球形检验为3188.353,相关显著性水平为0。这些结果表明,样本数据是可以接受的,也适合进行因子分析。

因子提取和旋转后,在解释分析结果时将提取的因子重命名为聚类。笔者提取了特征值大于1的6个聚类。表4.5为正交旋转后的聚类矩阵,表4.6为PCA最终统计数据,提取的聚类占方差的70.489。

表4.5　正交旋转后的聚类矩阵

要素						
	1	2	3	4	5	6
CSF25	0.823	—	—	—	—	—
CSF26	0.735	—	—	—	—	—
CSF13	0.693	—	—	—	—	—
CSF4	0.693	—	—	—	—	—
CSF27	0.691	—	—	—	—	—
CSF18	0.688	—	—	—	—	—
CSF17	0.589	—	—	—	—	—
CSF21	0.587	—	—	—	—	—
CSF7	0.572	—	—	—	—	—
CSF15	0.491	—	—	—	—	—
CSF11	—	0.791	—	—	—	—

（续表）

要素						
CSF14	—	0.764	—	—	—	—
CSF22	—	0.740	—	—	—	—
CSF16	—	0.629	—	—	—	—
CSF24	—	0.560	—	—	—	—
CSF3	—	0.539	—	—	—	—
CSF1	—	0.524	—	—	—	—
CSF5	—	0.500	—	—	—	—
CSF29	—	0.471	—	—	—	—
CSF30	—	—	0.870	—	—	—
CSF2	—	—	0.823	—	—	—
CSF32	—	—	0.812	—	—	—
CSF31	—	—	0.628	—	—	—
CSF20	—	—	—	0.794	—	—
CSF12	—	—	—	0.693	—	—
CSF6	—	—	—	0.571	—	—
CSF19	—	—	—	—	0.792	—
CSF10	—	—	—	—	0.724	—
CSF28	—	—	—	—	0.523	—
CSF8	—	—	—	—	—	0.829
CSF9	—	—	—	—	—	0.728

表 4.6　PCA 最终统计数据

聚类	特征值	方差贡献率	累积方差贡献率
1	5.629	17.592	17.592
2	5.138	16.057	33.649
3	3.118	9.744	43.393
4	3.034	9.480	52.873
5	2.853	8.917	61.790
6	2.784	8.699	70.489

4.3 结果讨论

在检验了每个聚类下的关键成功要素之间的内在关系的基础上，笔者使用因子分析提取了 6 个聚类（表 4.7），包括项目管理措施的有效性、项目参建方相关因素、创新性管理举措、外部因素、经济因素和组织因素。

表 4.7　因子分析后提取的聚类

	聚类	关键成功要素
聚类 1	项目管理措施的有效性	· CSF25 有效的复杂性降解和管控
		· CSF26 有效的范围管理
		· CSF13 有效和详尽的合同管理
		· CSF4 清晰的项目目标与项目定义，确保项目能够持续进行
		· CSF27 项目的系统控制、协调和整合机制
		· CSF18 有效的风险管控，合理的风险共担机制
		· CSF17 利益相关者之间的信任
		· CSF21 项目目标与成功间的一致性
		· CSF7 充足的物资
		· CSF15 良好的项目战略与目标规划
聚类 2	项目参建方相关因素	· CSF11 项目管理者的胜任力和领导力
		· CSF14 业主方的胜任力和领导力
		· CSF22 有效的项目治理
		· CSF16 承包商的胜任力
		· CSF24 项目的组织设计和结构
		· CSF3 关键利益相关者之间的良好伙伴关系
		· CSF1 参建方之间充分的沟通与协调
		· CSF5 清晰的战略愿景
		· CSF29 以往相似项目的经验积累和人才储备
聚类 3	创新性管理举措	· CSF30 注重前期科研及必要的人才培养
		· CSF2 政府及相关机构的有力支持
		· CSF32 业主提供必要的创新资源和创新环境，如提供补贴以促进创新行为
		· CSF31 采用或创新性地吸收改进先进的技术与方法

（续表）

	聚类	关键成功要素
聚类 4	外部因素	· CSF20 公众的接受和支持
		· CSF12 充分了解外部环境条件对项目实施的限制
		· CSF6 国家（政府）的直接或强有力领导
聚类 5	经济因素	· CSF19 选择合适的承发包模式
		· CSF10 社会、经济和政治环境的稳定
		· CSF28 竞争和透明的采购过程，有效控制腐败行为
聚类 6	组织因素	· CSF8 参建人员甘于奉献，尽职尽责；能够自觉完成任务甚至做出超越职责要求外的，但对项目有力的积极行为
		· CSF9 来自组织内部的强有力支持
		· CSF23 良性的组织和项目文化

4.3.1　聚类 1：项目管理措施的有效性

该聚类下共由 10 个关键成功要素组成，包括“有效的复杂性降解和管控”“有效的范围管理”“有效和详尽的合同管理”“清晰的项目目标与项目定义，确保项目能够持续进行”“项目的系统控制、协调和整合机制”“有效的风险管控，合理的风险共担机制”“利益相关者之间的信任”“项目目标与成功间的一致性”“充足的物资”和“有效的项目战略与目标规划”。

项目管理是项目能否成功的关键保障。无论是普通规模的建设项目还是重大工程，一些项目管理要素如有效的范围管理和详尽的合同管理，对于指导实践十分重要（Chan 等，2001；Chan 等，2004a；Cooke-Davies，2002）。但是，某些关键成功要素对于重大工程至关重要。例如，高度复杂的重大工程可能会面临普通建设项目中通常不存在的紧急风险，包括政治风险、灾难性损失、复杂的工程技术和设计风险及大量的未知因素，这些都会严重影响预算和进度（Greiman，2013b）。因此，有效的风险管控是实现项目目标和成功的重要因素。此外，在重大工程项目管理中，也应强调有效应对复杂性、系统控制和集成机制，以确保项目的成功（Zhang 和 Qiu，2018；Hu 等，2015b；Davies 和 Mackenzie，2014）。系统的复杂性取决于组份的数量和种类，以及它们之间的相互依赖关系（Shenhar 等，2001；Belassi 和 Tukel，1996）。不同组织中的工作必须集成到同一个运行的系统中。以往研究表明，系统集成作为组织的核心能力，是指处理复杂项目中的相互依赖、不确定性和变化的能力（Davies 和 Mackenzie，2014）。重大工程必须投入相当多的资源用于系统集成以解决差异化的跨功能结构(Morris, 2013)。

4.3.2 聚类2:项目参建方相关因素

该聚类中包括9个关键成功因素,分别是“项目管理者的胜任力和领导力”“业主方的胜任力和领导力”“良好的项目治理”“承包商的胜任力”“项目的组织设计和结构”“关键利益相关者之间的良好伙伴关系”“参建方之间充分的沟通与协调”“清晰的战略愿景”和“以往相似项目的经验积累和人才储备”。

胜任力和领导力在以往相似的研究中被认为是重要的成功因素(Nguyen等,2004b)。“项目管理者的胜任力和领导力”主要是指技术能力、沟通能力和协调能力。“业主方的胜任力和领导力”是涉及战略、财务和治理方面的能力。“承包商的胜任力”主要是指强大的建设和交付能力。随着全球化的发展,重大工程项目治理已成为一个热点问题,对项目成功起着重要的作用。如今,在一个组织内共存的多种治理结构在重大工程中很常见(Greiman, 2013b)。

许多研究已经表明了“组织设计和结构”在重大工程项目绩效中的重要性(Hu等,2015a)。在中国,重大工程的组织模式和结构与行政管理密切相关,具体表现为:①最高领导小组和建设委员会通常由中央或地方政府组织的人员组成;②最高项目领导人经常在政府部门和项目管理系统中职位兼任,扮演双重角色(Hu等,2015a)。这种组织模式已经被证明有助于项目目标的实现(Le等,2014b)。现有研究表明,良好的伙伴关系可以超越合同,在提高项目治理和项目效率方面发挥重要作用,进而有助于项目的成功(Zhai等,2017;Ning和Ling,2014)。缺乏跨职能部门的沟通是维持组织效率的主要障碍之一(Shehu和Akintoye, 2010)。对于参建方众多的重大工程来说,在项目执行过程中,沟通协调是取得成功的重要因素。

“清晰的战略愿景”是重大工程项目成功的另一个关键要素。重大工程的战略愿景可以以一种视觉和情感的方式呈现,作为交付卓越项目的强大纽带(Shenhar和Holzmann, 2017)。此外,从以往项目实践或相关学术项目中积累的经验和培养人才可以为同类型重大项目的成功开展提供宝贵的资源(He等,2019)。

4.3.3 聚类3:创新性管理举措

该聚类由4个关键成功要素组成,分别是“注重前期科研及必要的人才培养”“政府及相关机构的有力支持”“业主提供必要的创新资源和创新环境,如提供补贴以促进创新行为”及“采用或创新性地吸收改进先进的技术与方法”。

对于重大工程，并非总具备成熟的技术和专业人员，因此，项目前期需要进行相关的学术研究和人才培养，采用最新的或创新的技术和方法也是必不可少的。技术挑战已经被认为是重大工程所面临的关键问题之一（Kipp 等，2008）。因此，项目组织需要不断探索、选择、确定和试验新技术及操作程序，以评估和遴选出某些适合重大工程的流程（Davies 等，2009）。此外，重大工程项目管理系统的创新也是一个重要方面。传统的管理机制无法满足重大工程的进度、成本、质量和安全目标等要求。管理制度的创新和应用是指根据重大工程特点，建立或推广管理制度，对工作进行指导、规范和控制，保证重大工程的顺利交付（He 等，2019b）。港珠澳大桥创新性地建立了三级组织架构，形成共建共管的决策机制（Qiu 等，2019）。这些创新的项目建设制度保证了项目目标的有效实施和项目成功。

重大工程是技术创新的引擎。重要的技术创新会超越项目本身的需求，进一步扩大和提升行业乃至国家的竞争力。业主往往代表国家或政府在战略层面组织和安排相关的技术创新活动（Zhu 等，2015）。例如，业主需要提供必要的创新资源和创新环境，如资金补贴以促进参建方的创新行为。最后，政府及相关机构的有力支持也属于这一聚类。这项因素主要是指地方政府通常会在重大工程的建设问题上进行协调，如为项目团队提供便利，促进问题的解决，或提供某种政策便利或优惠政策。

4.3.4　聚类 4：外部因素

外部因素中包括“公众的接受和支持”“充分了解外部环境条件对项目实施的限制”和“国家（政府）的直接或强有力支持”共计 3 项关键成功要素。Belassi & Tukel (1996)指出，一些外部因素仍然会对项目的成功或失败产生重要影响。

重大工程通常会引起公众的高度关注，因为建设过程中涉及公共支出（Feldmann，1985）。因此，公众的支持在为重大工程建设的顺利实施建立和谐稳定的社会环境方面发挥着关键作用，特别是当工程可能对公众的生活环境产生负面影响时（如拆除工程）（Yan 等，2019）。在这种情况下，来自公众的支持，如对拆迁工作的积极配合和支持，可以减少冲突，帮助项目团队实现项目目标，进而保证项目成功。同时，也需充分理解文化、财务和法律方面等的要求，确保重大工程建设的合法性。如果项目因为不符合文化、财务和法律的要求而停止，那么将会产生巨大的成本和进度损失。

中央和地方政府一直非常重视重大工程的建设，因为重大工程通常是国家综合实力的象征，在重大工程的决策和建设中，中央政府的作用不可替代（Li 等，2018）。虽然一些学者认为“项目和政治不能混为一谈”，但这两者在我国往往是紧密结合的(Zhai 等,2017)。无论是国有企业还是与政府有密切联系的企业,都为中国重大工程的成功作出了突出贡献(Chi 等,2011)。

4.3.5 聚类5:经济因素

该聚类包括“选择合适的承发包模式”“社会、经济和政治环境的稳定”和“竞争和透明的采购过程,有效控制腐败行为”。诸多既有研究都指明了经济因素可以影响项目成功(Belassi 和 Tukel, 1996;Chan 等,2004a)。经济环境因素可以在通货膨胀、经济政策、利率和失业率方面影响企业的功能和决策。

“选择合适的承发包模式”是项目成功的关键因素之一。适当的合同和交付模式可以减少风险、项目复杂性和成本。以港珠澳大桥为例,其项目复杂性极高,施工环境复杂,海上施工技术标准高,风险也高。因此,海底隧道工程采用了一种改进的设计/施工总承包模式。在这种模式下,业主提供初步设计,并拥有建设联合体的管理权。这种模式有助于创造性地、有效地降低项目产生的多维复杂性,起到复杂性降解的效果(Zhang 和 Qiu, 2018)。“社会、经济和政治环境的稳定”这一因素,在大型项目的建设中非常重要,因为此类项目涉及到巨大的投资和高度的政治地位,外部稳定的环境十分重要。此外,一个具有竞争力和透明度的采购流程,可以有效减少大型项目中的腐败问题,也在确保项目成功方面发挥着至关重要的作用(Locatelli 等,2017b)。

4.3.6 聚类6:组织因素

最后一个聚类是组织因素,包括“参建人员甘于奉献,尽职尽责;能够自觉完成任务甚至做出超越职责要求外的,但对项目有利的积极行为”“来自组织内部的强有力支持”和“良性的组织和项目文化”。学术界将参建方在项目中实施的超越合同之外,且可促进建设目标有效实现的积极行为称为组织公民行为(Organizational Citizenship Behavior, OCB)。在重大工程中的组织公民行为可以定义为项目参建方的积极行为,这种行为超越了正式合同或法规的要求,但有利于项目目标的实现(Yang 等,2018)。现有的研究结果表明,这种行为有利于提高劳动生产率和组织效率,进而有助于促进重大工程项目成功(He 等,2019b)。在中国的重大工程实践中,由相关部门发起的劳工竞赛是激励项目公民行为的常见方法(Yang 等,2018)。获奖者往往不会获得经济奖励,但他们会获得,例如奖牌、荣誉称号或来自媒体或政府的赞扬(Tang 等,2013)。

此外,“来自组织内部的强有力支持”也是重大工程项目成功的重要因素之一。重大工程通常由高层管理团队进行管理,其在监控和管理项目中起着至关重要的作用(Lundrigan 等,2015)。Crosby (2012b)强调,来自高层的支持是项目成功的必要条件。高管团队在应对复杂情况及确保建设项目的实施和成功交付方面发挥着重要作用(Wang 等,2018a)。文化可以影响参建主体和员工的行为,从而促进项目绩效(Zuo 和 Zillante, 2011),研究结果表明,组织中的积极文化可以有效地提高员工的工作热情,减少冲突,甚至在重大工程中保持组织内部或组织间的和谐氛围(Jia 等,2011;Yang 等,2018)。

4.4　本章小结

本章的重点在于对重大工程项目成功的关键因素进行了识别和分析。首先,通过文献综述和专家访谈,共获得 36 个潜在关键成功要素。随后的问卷调研将关键成功要素最终缩减至 32 个。然后,通过因子分析将已确定的关键成功要素进一步划分为 6 类,分别是“项目管理措施的有效性”“项目参建方相关因素”“创新性管理举措”“外部因素”“经济因素”和“组织因素”。

第 5 章
关键成功要素与关键评价指标间的关系

本章旨在通过使用 PLS-SEM 方法识别第 4 章中确定的关键成功要素与第 3 章中所确定的关键评价指标之间存在的潜在关系。笔者将首先提出假设,其次检验两者之间的正相关假设能够成立,最后本章将识别出对重大工程项目成功产生正相关的关键成功要素。本章的研究结果将为第 6 章中构建重大工程项目成功的动态模型奠定理论基础。

5.1 关键成功要素与关键评价指标间的假设模型

基于第 3 章和第 4 章的研究结果,笔者首先构建了两个二阶层次的假设模型(图 5.1)。前者包括"项目管理措施的有效性(PM)""项目参建方相关因素(PP)""创新性管理举措(IM)""外部因素(EF)""经济因素(ECF)"和"组织因素(OF)"6 种已识别的关键成功要素聚类。同时,9 个确定的关键评价指标包括"符合设计、技术、环保等的相关规定和要求""职业健康、安全和环境(HSE)目标实现""满足设计使用功能,并提供公众需要的价值/服务""业主方满意度""政府方满意度""企业品牌或声誉的提升""新市场的开拓,或市场份额/竞争力的提升""提升公众自信心和自豪感""为国家或地区发展带来明显的社会经济效益"。二阶层次模型(Wetzels 等,2009)可以最大限度地提高测量和层次模型的可解释性。此外,该假设模型包含一个结构性模型,该模型测量了用于评估重大工程项目成功的关键成功要素和关键评价指标之间的因果关系。关键成功要素与关键评价指标之间的正相关假设将通过结构方程模型进行检验。

5.2 模型检验

笔者通过问卷调研收集到用于评估重大工程项目成功的关键成功要素和关键评价指标间关系的数据,然后借助结构方程模型 Smart PLS V3.2.7 软件,以检验理论模型及假设是否成立。该模型包含三部分,即度量模型、层次模型和结构模型。

通过组成信度(CR)和平均方差萃取量(AVE)来评估假设结构模型的结构信

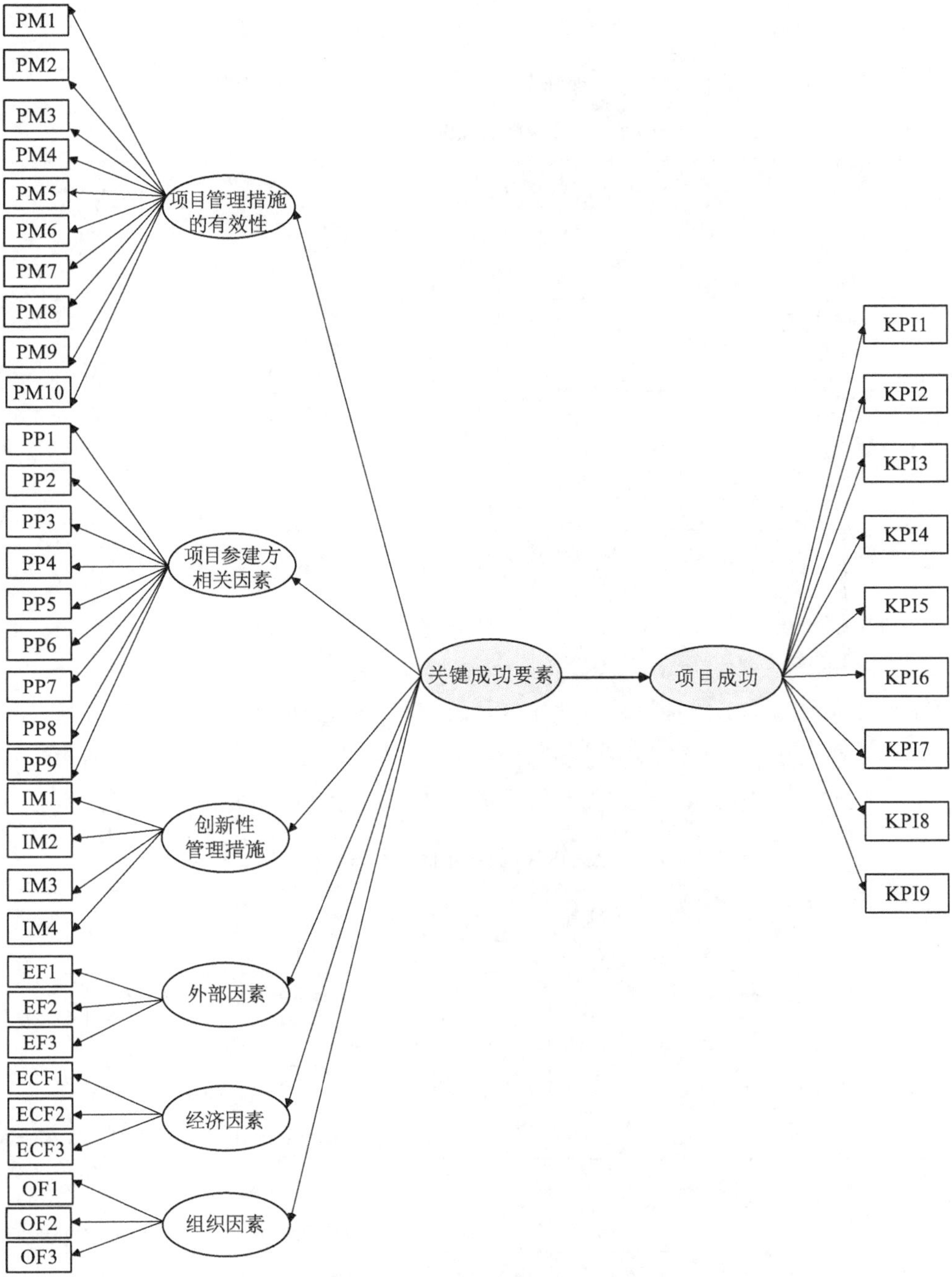

图 5.1　关键成功要素与重大工程项目成功之间的理论模型及假设

度和效度。表 5.1 显示各矩阵的 CR 值均超过 0.7，表明各结构的内部测量指标具有良好的信度。AVE 值高于 0.5，这同样表明结构的收敛效度良好（Hair 等，2014b）。

表 5.1　假设模型的信度及收敛效度

变量	克朗巴赫 α	CR	AVE
项目管理措施的有效性	0.943	0.952	0.689
项目参建方相关因素	0.919	0.927	0.566
创新性管理措施	0.867	0.906	0.707
外部因素	0.798	0.881	0.712
经济因素	0.845	0.906	0.764
组织因素	0.742	0.851	0.655
项目成功	0.916	0.930	0.598

注：CR＝组成信度，AVE＝平均方差萃取量。

t 值是内部路径层次模型的关键评价标准。表 5.2 和图 5.2 显示了假设结构模型中的路径系数和 *t* 值。Hair 等(2014b)发现当 *t* 值大于 2.58，表明层次模型在 0.01 水平上具有统计学显著性和良好的信度。经过检验，“经济因素”和“组织因素”与项目成功评价指标之间的路径系数 *t* 值均高于 2.58，这一结果表明，在本书中，只有经济因素和组织因素与假设模型中的关键评价指标是正相关的。

表 5.2　PLS-SEM 分析中的路径系数和 *t* 值

Paths	路径系数	*t* 值	路径	路径系数	*t* 值
PM1 ← Project management	0.872	27.987	IM3 ← Innovation management	0.790	3.896
PM2 ← Project management	0.814	21.569	IM4 ← Innovation management	0.799	3.434
PM3 ← Project management	0.803	18.992	EF1 ← External factors	0.875	6.997
PM4 ← Project management	0.806	15.626	EF2 ← External factors	0.857	8.737
PM5 ← Project management	0.733	11.703	EF3 ← External factors	0.797	8.273
PM6 ← Project management	0.758	11.809	ECF1 ← Economic factors	0.891	34.064
PM7 ← Project management	0.760	11.081	ECF2 ← Economic factors	0.885	27.671
PM8 ← Project management	0.705	9.233	ECF3 ← Economic factors	0.845	19.663
PM9 ← Project management	0.747	11.511	OF1 ← Organizational factors	0.790	12.800

（续表）

Paths	路径系数	t 值	路径	路径系数	t 值
PM10 ← Project management	0.441	2.951	OF2 ← Organizational factors	0.834	15.015
PP1 ← Project participants	0.857	22.027	OF3 ← Organizational factors	0.803	14.760
PP2 ← Project participants	0.897	40.309	KPI1 ← Project success	0.802	16.980
PP3 ← Project participants	0.865	25.762	KPI2 ← Project success	0.793	18.153
PP4 ← Project participants	0.877	29.794	KPI3 ← Project success	0.744	12.779
PP5 ← Project participants	0.883	22.986	KPI4 ← Project success	0.696	10.602
PP6 ← Project participants	0.852	23.674	KPI5 ← Project success	0.863	25.407
PP7 ← Project participants	0.677	8.518	KPI6 ← Project success	0.796	15.943
PP8 ← Project participants	0.764	12.508	KPI7 ← Project success	0.761	13.696
PP9 ← Project participants	0.775	12.650	KPI8 ← Project success	0.765	12.523
IM1 ← Innovation management	0.897	4.873	KPI9 ← Project success	0.729	10.219
IM2 ← Innovation management	0.872	4.032			

5.3　结果讨论

根据分析结果，只有“经济因素”和“组织因素”这两组关键成功要素与重大工程项目成功的关键评价指标呈现正相关。此外，“经济因素”（路径系数为 0.389）是影响重大工程项目成功的最主要因素，其次是“组织因素”（路径系数为 0.353）。

5.3.1　经济因素

“选择合适的承发包模式”在经济因素中排名第一，路径系数为 0.891。项目承发包模式可以指项目的财务、设计、施工、运营和维护活动的具体执行过程。在该模式中还规定了项目中各方的责任和角色（Love 等，1998）。采用适当的承发包和交付模式可以有效地提高建设项目的效率和成功率（Rwelamila 和 Meyer，1999）。“社会、经济和政治环境的稳定”在经济因素中位列第二，路径系数为 0.885，随后是“竞争和透明的采购过程，有效控制腐败行为”，路径系数为 0.845。据统计，在 2009—2011 年间，我国公共建筑部门共发生 15 010 起腐败案件，造成约 30 亿元人民币（约 4.2 亿美元）的直接经济损失。现有研究表明，腐败可以在

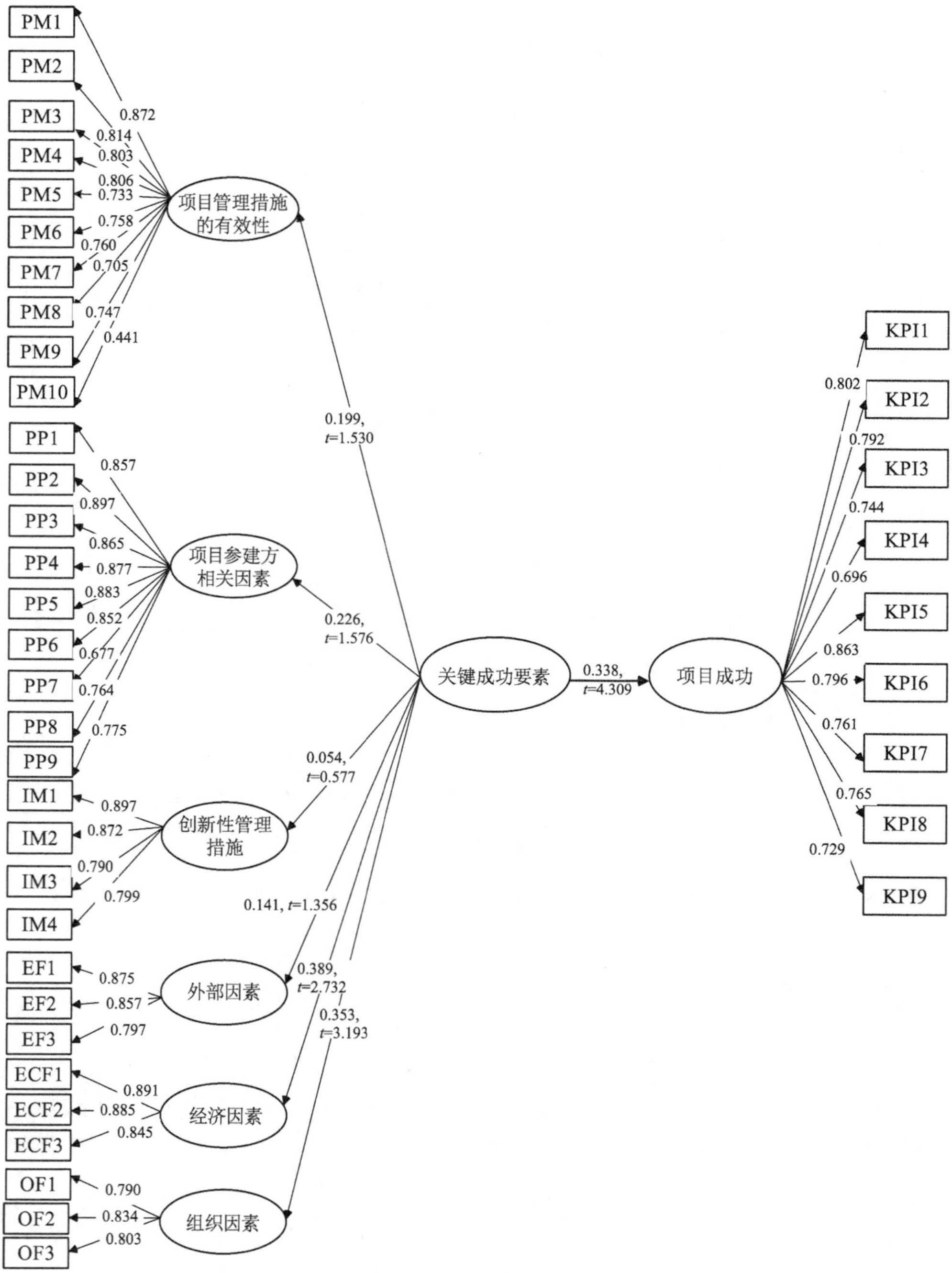

图 5.2　结构方程模型的假设检验结果

多个层面上摧毁建筑行业，并导致建设项目绩效表现不佳（如质量缺陷、成本超支和延误）（Kenny，2009）。

5.3.2　组织因素

“来自组织内部的强有力支持”在组织因素中排名第一，路径系数为 0.834。在重大工程中，项目通常由高管团队来进行管理（Lundrigan 等，2015）。Crosby（2012a）指出，来自高层的支持是项目成功的必要条件。排名第二的是“良性的组织和项目文化”，路径系数为 0.803。在组织理论中，文化被视为社会中一种未正式定义的内在特征（Allaire 和 Firsirotu，1984）。Deal 和 Kennedy（1983）指出，良性文化和恶性文化对组织行为均有着显著的影响；然而，良性文化是提高绩效的关键，同时也一直是组织持续性成功背后的驱动力（Deal 和 Kennedy，1982）。“参建人员甘于奉献，尽职尽责；能够自觉完成任务甚至做出超越职责要求外的，但对项目有利的积极行为”排在第三位，路径系数为 0.790。研究表明这种行为有利于重大工程的劳动生产率和组织效率（Wang 等，2018a）。例如，在南水北调工程中，北京-石家庄段预应力混凝土筒管安装遇到问题，当工期延误可能性较大时，相关部门向水电五公司安装部门求助。工作人员不计较自身得失，在寒冷的天气中挣扎了近 40 h 后，通过安装部门的帮助解决了这个问题，从而保证了工期（Yang 等，2018）。

5.4　本章小结

本章重点探究了重大工程项目成功的关键成功要素与关键评价指标之间存在的潜在关系。研究结果显示，在假设模型中，只有“经济因素”和“组织因素”与关键评价指标存在正相关。此外，相较而言，“经济因素”首先是对重大工程项目成功影响最大的一类因素，其次是“组织因素”。

第 6 章
重大工程项目成功的动态评估模型构建

基于系统动力学理论的仿真模型能够阐明重大工程项目成功评价系统所涉及活动之间的动态关系。本章根据第 3 章、第 4 章和第 5 章的研究成果,笔者构建了一种基于系统动力学的评价重大工程项目成功与否的动力学模型。值得注意的是,如第 5 章所述,“组织因素”对重大工程项目成功具有重要影响。因此,笔者在该组中选取了其中一个关键成功要素,即“参建人员甘于奉献,尽职尽责;能够自觉完成任务甚至做出超越职责要求外的,但对项目有利的积极行为”,以评测其对重大工程项目成功的影响。本节用示意图说明研究模型的建立步骤,以简要了解模型的构建(图 6.1),首先是简要描述该模型及其目的和整体结构,其次介绍如何在已建立的模型中识别主要变量,然后是基于因果关系图建立概念模型,最后,使用 Vensim Ple 软件将因果关系图转换为存量流量图,以便实现基于计算机的模拟仿真。

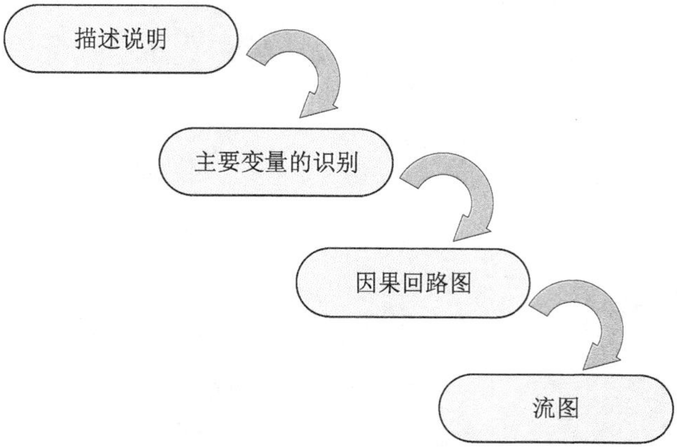

图 6.1　系统动力学模型的开发构建过程示意图(Yuan, 2012)

6.1　模型说明

6.1.1　模型考虑 OCB 的原因

重大工程是一个高度分散的多组织系统(Vries 等,2016)。70%的项目复杂性和管理难题是由项目组织引起的(Vidal 和 Marle, 2008)。因此,“组织”是影响重大工程项目成功的关键因素之一(Baiden 等,2006)。此外,与传统项目管理中强调的管理和经济因素相比,应强调组织因素以减少复杂性并提高项目成功水平(Yang 等,2018;Luo 等,2017)。因此,尽管在第 5 章中“经济因素”聚类也被确定为关键聚类,但本章仅选择“组织因素”进行详细研究。

如第 5 章所述,“组织因素”聚类包含 3 个关键要素。在第 6 章和第 7 章中,选择了“参建人员甘于奉献,尽职尽责;能够自觉完成任务甚至做出超越职责要求外的,但对项目有利的积极行为”这一因素,以进一步检验其对重大工程项目成功的影响。这类行为在组织理论中通常被称为组织公民行为(OCB),它可以在整体上促进组织效能的有效实现(Organ, 1988)。在重大工程领域,该行为被证明对于实现管理有效性至关重要,尤其是在项目实施阶段(Patanakul 等,2016),尽管其影响很大,但是在重大工程中对 OCB 的研究仍然有限。对 OCB 研究的不足突显了对重大工程中的 OCB 及其对项目成功的影响进行全面评估的必要性(Yang 等,2018),因此,本书仅选择 OCB 这一关键成功要素进行深入分析。

6.1.2　模型的目的

建立该模型的目的有 3 个。首先,该模型能够帮助研究人员和决策者了解重大工程项目成功系统的动态性,尤其是考虑 OCB 的影响,该模型可被开发为一个实验平台,用于探究实施不同的 OCB 措施对提高建设重大工程项目成功水平的影响。其次,该模型旨在为分析系统中的主要变量如何影响重大工程项目成功奠定坚实的基础。最后,该模型可以提供一个有用的工具以展现 OCB 措施的潜在影响或变化。研究人员和决策者在探究提高重大工程项目的成功率的方法时,可以使用已建立的模型来模拟不同的策略方案。例如可以在文化效应研究中应用该模型,以探究其是否会极大地改善重大工程的整体成功。

6.1.3　模型的整体结构

在一开始就确定系统动力学模型的边界十分重要(Sterman, 2000),只有这样,才能确定模型应排除或包含的变量(Yuan, 2012)。正如第 6 章所述,“组织因素”对重大工程项目成功有重大影响,因此,在该研究中,笔者选择了一个“组织因素”,即“可以共同促进有效实现建设目标的项目参与者的积极行为”,以考察其对重大工程项目成功的影响。依据模型的边界,模型包含 2 个主要子系统,即重大工程项目成功评价子系统和 OCB 子系统,同时,笔者仅考虑 OCB 的两个主要部分,即 OCB 动因和采取的 OCB。子系统之间的相互关系如图 6.2 所示。

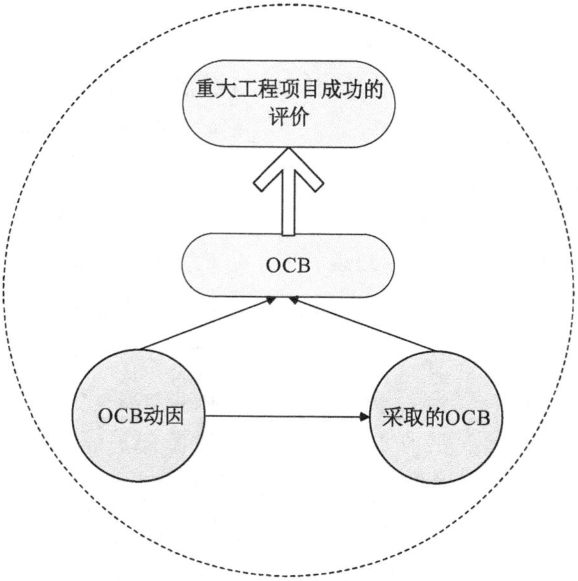

图 6.2　模型概念简图

6.2　模型的主要变量识别

OCB 的概念最早是在 19 世纪 80 年代引入的，其定义是“自觉自愿地表现出来的、非直接或明显地不被正式报酬系统所认可的、能够从整体上提高组织效能的个体行为”(Organ, 1988)。尽管此后进行了许多研究，但有关 OCB 的文献综述仍然有限，尤其是在重大工程领域。与组织领域的 OCB 定义相似，在重大工程项目中 OCB 可以指参建方实施的未被直接或明确地纳入正式合同但有助于实现工程建设目标的积极行为(Yang 等，2018)。已有研究表明，OCB 可以有效地促进管理有效性，并最终促进项目成功的实现(Patanakul 等，2016)。

在相关研究中，OCB 的维度和驱动因素是 2 个热门的子课题。大多数关于 OCB 的研究都是在永久性组织领域进行的，它们不同于项目型组织等临时性组织(Nielsen, 2009；Braun 等，2012)。因此，重大工程中的 OCBs 具有不同的维度和动机。Braun 等(2012)指出，项目合规性应被视为项目型组织中重要的 OCB 行为。组织忠诚和运动家精神是描述员工个体对工作的奉献程度的行为。因此，这两种行为也被定义为尽责(Nielsen, 2009； Farh 等，2004)。公民道德可以解释为组织中的和谐关系，其核心被认为是组织中良好人际关系的维护(Braun 等，2012)。在永久性组织的背景下，自我发展和个体首创性等同于创造力和工作技能的提高(George 和 Jones，1997)。因此，创新行为概括了在重大工程中给同事提供直接帮助的行为(Farh 等，2004；Podsakoff 等，2014)。Luo 等(2015)认为这些行为可以归为协作行为。在本书中，模型共包含 5 个 OCB 维度：①服从行为；②首创性个体行为；③权变式协同行为；④尽责行为；⑤和谐关系维护行为。

与永久性组织不同，在重大工程中，参与者的行为动机对于项目的社会性和长期利益至关重要(Braun 等，2013；Turner 和 Muller，2003；Li 和 Liang，2014)。如前所述，中国重大工程的参与者多为国有企业。因此，参与者也能够通过参与重大工程来实现自身政治诉求(He 和 Luo，2014)。那些深度参与重大工程的参与者更容易获得晋升机会(Flyvbjerg，2014)。此外，研究表明外部环境也是塑造 OCB 的重要因素。外部环境对参与者的行为影响很大，如规章制度、项目文化、企业声誉等(Cao，2014；Müller 等，2014；Wang 等，2010)。因此，本模型中包含的驱动因素涵盖了项目文化、潜在推广、企业声誉和公众满意度等方面。重大工程项目成功的评价体系的主要变量基于第 4 章的研究成果，此处不再赘述。

6.3 因果循环图

因果回路图用于说明一个动态过程，在这个过程中，通过一系列相关变量来识别因果关系中的连锁效应，并追溯到初始原因(Yuan，2012)。在本书中，重大工程项目成功评价和 OCB 被整合在因果回路图中，并将在下一节详细讨论。

6.3.1 OCB 子系统

如 6.1.3 节所述，OCB 子系统主要包括两部分变量，即 OCB 动因和采取的 OCB。归纳起来，OCB 动因包括已归纳的 4 个因素，采取的 OCB 包含 5 个 OCB 行为类型。在本模型中，OCB 是显著影响重大工程项目成功的驱动因素。在确定拟议子系统中的主要变量后，本书进行了定性分析以描绘变量之间的相互关系，并建立了包含 4 个反馈回路的因果循环图作为概念模型，如图 6.3 所示。

1. 正反馈回路 R1

在该反馈回路中，项目人员的 OCB 可以通过正反馈回路得以强化。并且，在重大工程中，OCB 的采用也能提升和加速项目成功。这是因为，在重大工程中，企业与相关管理部门之间的关系密切。同时，具有良好业绩的项目负责人更有可能得到晋升(Müller 等，2014)。因此，在重大工程中，来自不同部门的参与者可能更愿意加强 OCB，从而进一步影响项目成功(Yen 等，2008)。

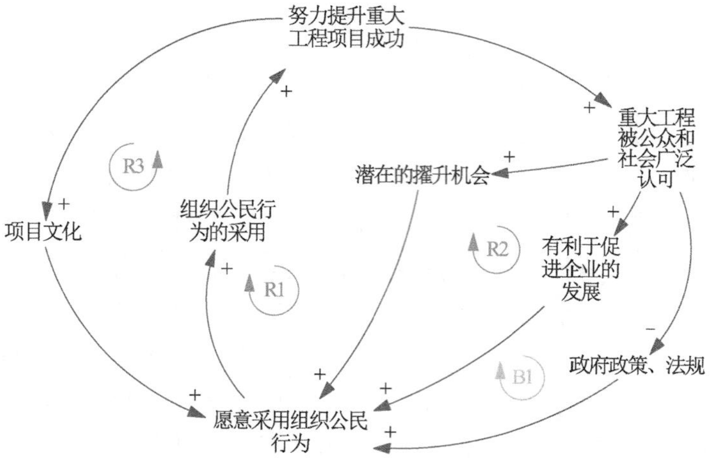

图 6.3　OCB 动因子系统的因果循环图

2. 正反馈回路 R2

在 R2 中，项目人员的 OCB 将有助于提升重大工程项目成功，而一个优质的重大工程也会增加公众和社会对该项目的满意度(Flyvbjerg, 2014)；进而有助于进一步提升企业声誉和满足企业的发展动机，从而激励参建方加强 OCB(Wang 等，2010)。

3. 正反馈回路 R3

正反馈回路 R3 与 R1 极其相似，唯一区别在于，在该反馈回路中，项目文化作为动因，驱动参建方积极采取 OCB，进而促进重大工程项目成功(Wang 等，2010)。

4. 负反馈回路 B1

B1 是一个负反馈回路，在该回路中，假设项目人员采用 OCB，会提升重大工程项目成功，由此导致社会和管理部门的满意度会提高，随之而来的是相关部门对其的管控可能会减少(Müller 等，2014)。

6.3.2　重大工程项目成功评价子系统

在第 3 章中已经讨论过，重大工程项目成功评价子系统中有 9 个主要变量，包括“符合设计、技术、环保等的相关规定和要求”“职业健康、安全和环境(HSE)目标实现”“满足设计使用功能，并提供公众所需的价值/服务”“业主方满意度”“政府方满意度”“企业品牌或声誉的提升”“新市场的开拓，或市场份额/竞争力的提升”“提升公众自信心和自豪感”和“为国家或地区发展带来明显的社会经济效益”。基于主要变量间的相互关系，构建了重大工程项目成功评价子系统的因果循环图，如图 6.4 所示。同样，该子系统也包括 1 个负反馈回路和 3 个正反馈回路。

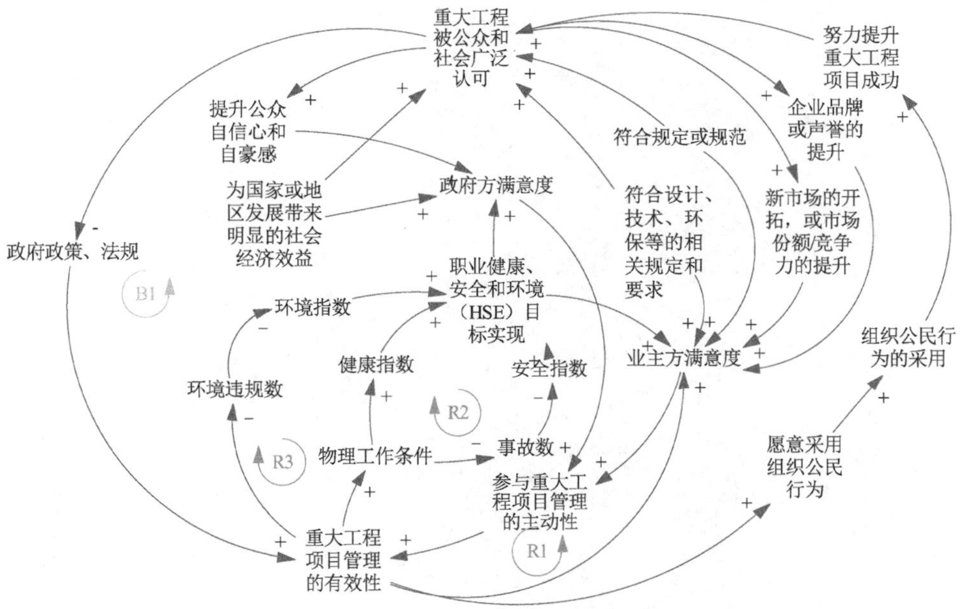

图 6.4　重大工程项目成功评估子系统的因果回路图

1）负反馈回路 B1

该负反馈回路与 OCB 子系统中的 B1 相同，两个子系统正是通过 B1 而连接成一个整体系统。

2）正反馈回路 R1

业主方满意度可以提升项目人员对重大工程项目管理的主动性，从而进一步提高重大工程项目管理的有效性（Winch 和 Leiringer，2016），因此，重大工程项目管理的有效性会再次正向影响业主满意度。

3）正反馈回路 R2

如上所述，业主方满意度会加强项目人员参与重大工程项目管理的主动性，进而提升重大工程项目管理的有效性（Winch 和 Leiringer，2016）。而有效的重大工程项目管理将有助于改善施工现场的工作条件，从而有利于改善项目人员的健康和安全水平，对项目中的“职业健康、安全和环境（HSE）目标实现”有积极的促进作用（Leon 等，2018）。因此，重大工程项目管理的有效性又可以提高业主方满意度（Maloney，2002）。

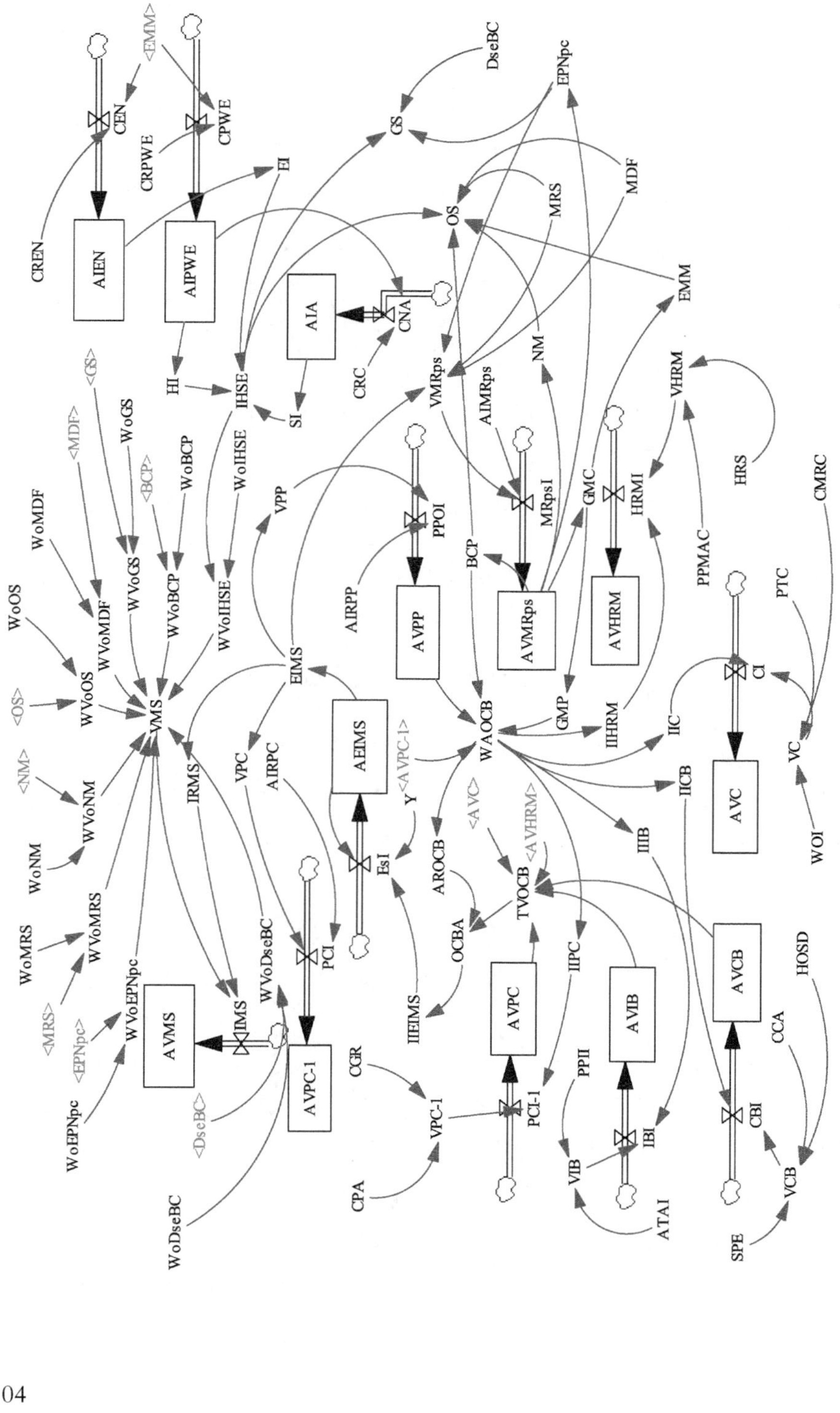

图 6.5　仿真模型的存量流量图

4）正反馈回路 R3

与正反馈回路 R2 相似，重大工程项目管理有效性的提升将有助于减少项目上环境问题的违规数量，从而对项目中的“职业健康、安全和环境（HSE）目标实现”起到正向作用（Tam 等，2006）。

6.4　存量流量图

在构建了模型的因果循环图之后，利用系统动力学 Vensim Ple 软件进一步描绘了存量流量图，为后续进行计算机仿真以得到定量的结果奠定基础。因果循环图与存量流量图的本质是相同的，主要区别就在于后者比前者更为详细并且可以实现定量化研究。图 6.5 和表 6.1 分别展示了本书的存量流量图和模型中的主要变量。如图 6.5 所示，本模型中包含 13 个存量，13 个流量，29 个常量和 44 个辅助变量。各变量的缩写全称见下表 6.1。

表 6.1　模型中使用的各变量的详细说明

缩写	描述	类型	缩写	描述	类型
AEIMS	为提升重大工程项目成功而做出的努力累积值	存量	IIIB	首创行为增长指数	辅助变量
AIA	项目中事故的累积影响	存量	IIPCB	服从行为增长指数	辅助变量
AIEN	环境违规的累积影响	存量	IMS	重大工程项目成功的提高速率	流量
AIPWE	物理工作环境的累积影响	存量	IRMS	重大工程项目成功的增长率	辅助变量
AIRMRps	重大工程得到公众和社会广泛认可的实际增长率	常量	MDF	满足设计功能并交付公众所需的价值	辅助变量
AIRPC	项目文化的实际增长率	常量	MRpsI	重大工程项目被公众和社会广泛认可的增加速率	流量
AIRPP	潜在擢升的实际增长率	常量	MRS	符合规定或规范	辅助变量
AROCB	组织公民行为的采用率	辅助变量	NM	新市场或提高的市场份额	辅助变量
ATAI	主动采用先进技术	常量	OCBA	组织公民行为的采用	辅助变量
AVCB	尽责行为的累积值	存量	OS	业主满意度	辅助变量

（续表）

缩写	描述	类型	缩写	描述	类型
AVCCB	协作行为的累积值	存量	PCBI	个人服从行为的增加速率	流量
AVHRMB	维护和谐关系的累积值	存量	PCI	项目文化增加速率	流量
AVIB	首创行为的累积值	存量	PPII	主动完善项目方案	常量
AVMRps	重大工程被公众和社会广泛认可的累积值	存量	PPMAC	自觉参加项目会议和活动	常量
AVMS	重大工程项目成功的累积值	存量	PPOI	潜在的擢升机会增加速率	流量
AVPC	项目文化的累积值	存量	PTC	自觉参加培训	常量
AVPCB	服从行为的累积值	存量	SI	安全指数	辅助变量
AVPP	潜在擢升的累积值	存量	SPE	分享项目经验	常量
BCP	企业声誉（带来）的收益	辅助变量	TVOCB	组织公民行为的总值	辅助变量
CBI	尽责增加速率	流量	VCB	尽责行为的数值	辅助变量
CCA	积极协调冲突	常量	VCCB	权变式协同行为的数值	辅助变量
CCBI	权变式协同行为增加速率	流量	VHRMB	维护和谐关系的数值	辅助变量
CGR	符合政府的相关要求	常量	VIB	首创行为的数值	辅助变量
CMRC	自觉执行任务要求	常量	VMRps	重大工程项目得到公众和社会的广泛认可的数值	辅助变量
CNA	事故数量的变化速率	流量	VMS	重大工程项目成功的数值	辅助变量
CPA	遵守项目安排	常量	VPC	项目文化的数值	辅助变量
CPWE	物理工作环境变化速率	流量	VPCB	服从行为的数值	辅助变量
CRC	事故变化率	常量	VPP	潜在擢升的数值	辅助变量
CREN	环境不合规的变化率	常量	WAOCB	愿意采用组织公民行为	辅助变量
CRPWE	物理工作环境的变化率	常量	WoBCP	企业声誉（带来）的收益的权重	常量
DseBC	为社区带来社会经济利益	常量	WoDseBC	为社区带来社会经济效益的权重	常量

（续表）

缩写	描述	类型	缩写	描述	类型
EI	环境指数	辅助变量	WoEPNpc	增强人民的民族自豪感和凝聚力的权重	常量
EIMS	努力提升重大工程项目成功	辅助变量	WoGS	政府满意度的权重	常量
EMM	重大工程项目管理的有效性	辅助变量	WOI	主动加班	常量
EPNpc	增强人民的民族自豪感和凝聚力	辅助变量	WoIHSE	实现“HSE”目标影响的权重	常量
EsI	所投入努力的增加速率	流量	WoMDF	满足设计功能和提供公众所需价值的权重	常量
GMC	政府管理的变化	辅助变量	WoMRS	符合规定或规范的权重	常量
GMP	政府管理绩效	辅助变量	WoNM	新市场或提高市场份额的权重	常量
GS	政府满意度	辅助变量	WoOS	业主满意度的权重	常量
HI	健康指数	辅助变量	WVoBCP	企业声誉(带来)的收益的加权值	辅助变量
HOSD	帮助他人解决困难	常量	WVoDseBC	为社区带来社会经济效益的加权值	辅助变量
HRMI	和谐关系维护增加速率	流量	WVoEPNpc	增强人民的民族自豪感和凝聚力的加权值	辅助变量
HRS	和谐关系维护	常量	WVoGS	政府满意度的加权值	辅助变量
IBI	首创行为增加速率	流量	WVoIHSE	实现“HSE”目标影响的加权值	辅助变量
IHSE	实现“HSE”目标的影响	辅助变量	WVoMDF	满足设计功能并提供公众所需价值的加权值	辅助变量
IICB	尽责行为的增长指数	辅助变量	WVoMRS	符合规定或规范的加权值	辅助变量
IICCB	权变式协同行为增长指数	辅助变量	WVoNM	新市场或提高市场份额的加权值	辅助变量
IIEIMS	提升重大工程项目成功所投入努力的增长指数	辅助变量	WVoOS	业主满意度的加权值	辅助变量
IIHRM	和谐关系维护增长指数	辅助变量	Y	每年	常量

6.5 本章小结

本章基于系统动力学的理论和方法步骤，构建了重大工程项目成功的动态评估模型。借助 Vensim Ple 软件，分别描绘了因果循环图和存量流量图，以明晰重大工程项目成功系统中主要变量之间的复杂关系。下一章将应用该系统动力学模型对提升重大工程项目成功水平的管理策略有效性进行仿真分析。

第 7 章

重大工程项目成功的提升策略仿真

上一章详细描述了基于系统动力学的理论和方法构建的重大工程项目成功的动态仿真模型。延续前章内容，本章则主要介绍了该模型的应用。首先，本章介绍了如何量化仿真模型中的各主要变量；其次，对模型的可靠性和有效性进行了检验；最后，展示了所构建模型的运行仿真结果，并对不同提升策略进行了仿真分析。

7.1 变量的量化方法

在进行计算机模拟前，应先对模型中输入的变量进行量化。将选定的变量分为 3 类，包括常量、因变量和定性变量。首先，属于常量组的变量指的是在计算过程中保持不变的量，它们不受其他因素影响。一般来说，其数值都来自于已发表的材料，如文献和本书中的问卷调查数据。其次，因变量与其他因素有关，在本书中，作者是通过专家访谈来对其定量化的，专家信息如表 7.1 所示。专家访谈于上海进行，每位专家访谈大概 15～20 min。同样，专家的选择过程与 1.5.2 节和 1.5.3 节讨论的访谈专家和问卷调查对象的选择过程相似。最后，定性变量值由 Vensim Ple 软件计算得出（Li 等，2014）。与模型相关的补充数据见附录 E。

表 7.1 本部分访谈专家的背景资料

受访者	当前职位	所属单位	重大工程工作年限	参与的重大工程项目
A	教授	同济大学	23	上海世博会
B	项目经理	承包商	11	上海西岸传媒港
C	项目经理	承包商	12	上海西站
D	项目监理	咨询公司	8	上海西岸传媒港
E	项目监理	咨询公司	17	上海世博会

7.2 模型检验

在进行定量模拟和分析之前，应该先对系统动力学模型进行检验以验证所构建模型的准确性和可靠性，并确保其能够良好地反映现实世界的行为(Qudrat-Ullah 和 Seong，2010)。系统动力学模型的检验应包括两个方面：模型结构检验和模型行为检验。本书中选取了系统动力学中常见的 3 种检验，包括模型结构和边界恰当性检验(检验 1)，量纲一致性检验(检验 2)和灵敏度检验(检验 3)。其中，检验 1 和检验 2 属于模型的结构检验，而检验 3 是对模型的行为进行检验。

1. 检验 1：模型结构和边界恰当性检验

对模型结构与边界恰当性进行检验是为了确保模型结构的逻辑有效性，以及评价模型边界是否合适与充足。基于现有文献以及行业专家访谈，可以判定本书中的模型结构和边界合理。

2. 检验 2：量纲一致性检验

该项检验是确保模型中的每个方程两边的量纲保持一致，以及确保没有使用无现实意义的参数(Ding 等，2016；Sterman，2001)。Vensim Ple 软件可以帮助用户在确定所有变量单位后自动执行此检验。如果量纲一致性检验失败，后续仿真模拟将不可进行。

3. 检验 3：灵敏度检验

灵敏度检验的目的是检验模型参数变化时模型行为的变化情况，期望模型在合理范围内表现出较好的可靠性。灵敏度测试可以观察参数值在悲观、乐观和通常情况下的模型行为的变化情况。在本项检验中，用一个典型的例子来说明建模行为是否合理。在示例中，通过调节 AIRPC(项目文化的实际增长率)这一变量，以观察其对 OCBA(组织公民行为的采用)的影响是否符合真实，为此，作者设计了 5 个情景用于该检验。分别为：情景 1，AIRPC 的值设置为 0.8(如第 1 行所示)；情景 2，AIRPC 的值设置为 0.5(如第 2 行所示)；情景 3，AIRPC 的值为 0.3(如第 3 行所示)；情景 4，AIRPC 的值设置为 0(如第 4 行所示)；情景 5，AIRPC 的值为 0.05，这也是模型中的初始情景(如第 5 行所示)。如图 7.1 所示，5 个不同情景下的曲线变化趋势类似，并且随着 AIRPC 的增加，OCBA 的数值也在提升，模拟的结果与先前研究一致，即政治擢升会有效促进参建方提升自身 OCB (Li 和 Liang，2014)。因此，我们可以得出结论，在灵敏度检验中该模型变量变化的敏感程度在合理范围内，该模型的行为是合理和可靠的，且可以应用于后续的模拟和策略分析。

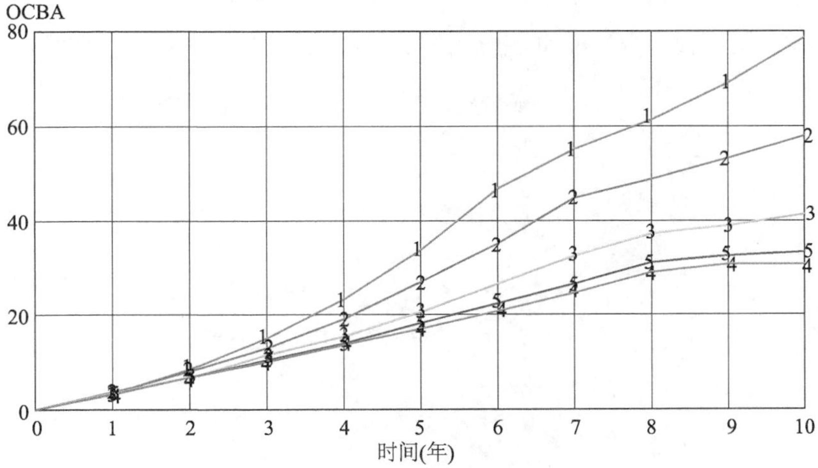

图 7.1　灵敏度检验示例

7.3　策略分析

在此模型中，由于重大工程往往具有较长的建造期，因此，我们初步将模拟期设置为 10 年。图 7.2 和图 7.3 展示的是本模型中关键变量的输出结果，包括 OCBA、AVMS(重大工程项目成功的累积值)、WVoEPNpc(增强人民的民族自豪

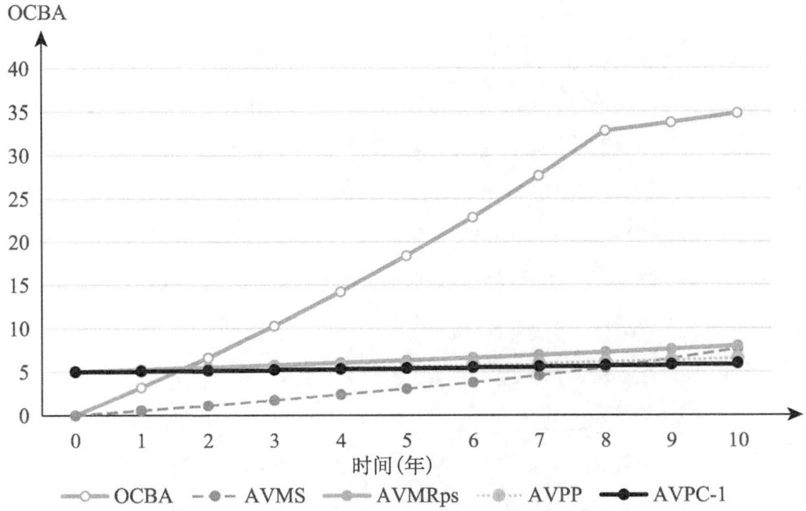

图 7.2　基本情景中 5 个选定输出的仿真结果
(OCBA，AVMS，AVMRps，AVPP，AVPC-1)

感和凝聚力的加权值)、WVoNM(新市场或提高市场份额的加权值)、WVoOS(业主满意度的加权值)、WVoGS(政府满意度的加权值)和 WVoBCP(企业声誉带来的收益加权值)。

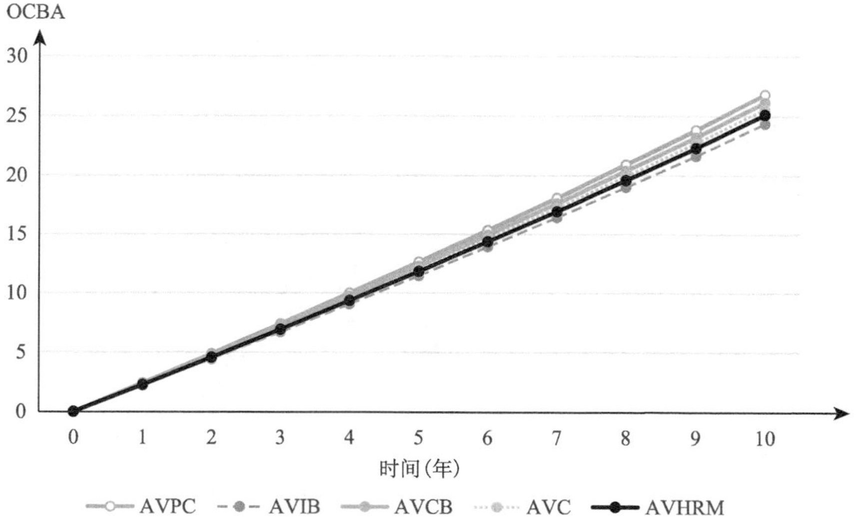

图 7.3　基本情景中 5 个选定输出的仿真结果
(AVPC, AVIB, AVCB, AVC, AVHRM)

7.3.1　基本情景的仿真结果

AVMS 旨在衡量重大工程项目成功水平,此变量的范围被设定为 0～100(最高)。如图 7.2 所示,随着时间的推移,AVMS 的数值会随着 OCBA 数值的增加而增加,这说明组织公民行为的增加会导致重大工程项目成功的提升。此外,从模拟结果中不难看出,在前 8 年中,OCBA 的数值增加较快,但是后续增加幅度放缓,这也说明驱动因素对参建方组织公民行为促进作用是有限的,在建设期内组织公民行为并不会持续大幅提升。表 7.2 可以看出,AVMRps 从 5.261 增加到 7.987。同时,过去几年中 AVPP 的价值提高到 6.554,而 AVPC-1 是增长最慢的因素,最终达到 5.971 的最高点。

值得注意的是,在设定的时间范围内,AVMS 的仿真结果似乎有所增强,这与先前的研究一致(Nielsen, 2009)。如图 7.3 所示,在所有因素中,AVPC 的值最高,最终仿真值为 26.83。AVCB、AVC、AVHRM 和 AVIB 的最大值分别为 26.15、25.15、25.11 和 24.38。这进一步证明了项目合规性是重大工程最重要的 OCB,这与 Yang 等(2018)的研究结果相呼应。

表 7.2　基本情景中选定输出的仿真结果

年份	选定输出									
	OCBA	AVMRps	AVPP	AVPC-1	AVMS	AVPC	AVIB	AVCB	AVC	AVHRM
1	3.201	5.261	5.133	5.083	0.564	2.409	2.189	2.347	2.298	2.254
2	6.632	5.524	5.267	5.167	1.148	4.876	4.43	4.751	4.652	4.562
3	10.3	5.79	5.401	5.251	1.756	7.401	6.724	7.211	7.061	6.925
4	14.22	6.061	5.537	5.336	2.393	9.985	9.072	9.729	9.526	9.342
5	18.39	6.337	5.676	5.422	3.065	12.63	11.47	12.3	12.05	11.82
6	22.85	6.624	5.821	5.513	3.787	15.33	13.93	14.94	14.63	14.35
7	27.64	6.926	5.976	5.61	4.581	18.10	16.44	17.64	17.27	16.93
8	32.8	7.249	6.147	5.717	5.48	20.93	19.02	20.4	19.97	19.59
9	33.76	7.599	6.337	5.835	6.511	23.84	21.66	23.23	22.75	22.31
10	34.81	7.987	6.554	5.971	7.638	26.83	24.38	26.15	25.6	25.11

7.3.2　管理策略仿真结果分析

1. 单项管理策略分析

根据模拟结果，OCB 对于重大工程项目成功具有较为显著的提升作用，因此，我们将进一步探索能够有效提升 OCB，进而提升重大工程项目成功水平的驱动因素。现有的研究成果表明，政治擢升和企业的发展动机往往被视为驱动参建方提升自身组织公民行为的主要动因（Li 和 Liang，2014；Wang 等，2010）。因此，在单项管理策略仿真部分，我们设置了管理策略 A（政治擢升的驱动效应）和管理策略 B（企业的发展动机的驱动效应），即在仿真过程中，只调整一个变量而保持另一个变量不变。此外，我们还设置了管理策略 C 用于模拟多策略情景，即在该情景中我们会同时调控 2 个变量。

1）情景 A：政治擢升的驱动效应

本节旨在分析 AIRPP 的变化如何对 AVMS 和 OCBA 产生影响。首先，作者将 AIRPP 的初始值设置为 0.05；之后，将其值分别逐渐提高至 0.2（PSA-1 情景）和 0.4（PSA-2 情景）。从表 7.3 的结果中可以清楚地看出，AIRPP 数值的增加会使 OCBA 和 AVMS 的数值同时增加。在 PSA-1 和 PSA-2 的情景下，在模拟末期，OCBA 分别提高了 22.40%和 55.10%，分别达到 42.606 和 53.989。同样，与初始情景相比，PSA-1 和 PSA-2 情景下的 AVMS 也分别增长了 2.03%和 4.08%。情景 A 中的模拟结果表明，受到晋升鼓励的重大工程参建方会更积极地提升其组织公民行为,并进一步提升重大工程项目成功的水平。这是因为重大工程项目建设是企业保持和加强政府关联,从而实现政治诉求的重要渠道。尤其是国有企业的高管可以通过参与重大工程建设而得到政治升迁的机会,或者合法地获取更多的资源和市场准入权等以大幅提升市场竞争力。因此,参建方会更加积极地参与到项目建设,如提高主观能动性,从而有助于提升重大工程项目成功的可能性。

2) 情景 B: 企业发展动机的驱动效应

与情景 A 相同,情景 B 也属于单一管理策略模拟,旨在验证 WoBCP(企业声誉带来的收益加权值)对 OCBA 和 AVMS 随时间变化的影响。在该情景下,笔者同样模拟了 2 种情景(PSB-1 和 PSB-2),以用于与初始模拟结果进行对比。同样,在 PSB-1 和 PSB-2 情景中,WoBCP 的数值分别提高到 0.2 和 0.4。从表 7.3 的结果中不难看出,WoBCP 与 OCBA 和 AVMS 的变化呈现正相关。模拟期末,OCBA 和 AVMS 的数值分别从 PSB-1 中的 41.003 和 7.762 增加到 PSB-2 中的 52.194 和 7.930,OCBA 值的增加幅度分别为 17.79%(PSB-1)和 49.94%(PSB-2),AVMS 也分别提升了 1.62%和 3.82%。重大工程是参建方展示自身实力和品牌形象的良好机会,成功的重大工程参与经历有助于帮助企业获得更多的项目机会。此外,通过参与重大工程,参建方可以培养优秀人才,提升技术创新和管理能力,这些都有助于企业保持较好的形象和行业地位,以获取更为长期的利益。这种企业发展动机使得参建方乐于提升自身的组织公民行为,并有助于提升重大工程项目成功水平。

虽然,与初始模拟结果相比,情景 A 和情景 B 中的 OCBA 以及 AVMS 的数值都有所增加,但是,从表 7.3 的结果中看出,情景 B 中的结果变化程度比情景 A 中的更小,这说明,与企业发展动机的驱动效应相比,政治擢升的驱动效应更为显著,且晋升机会对 OCB 的提升和对项目成功的影响更大。

2. 情景 C: 混合管理策略效应

在该情景下,笔者将同时更改 AIRPP 和 WoBCP 的数值,以探索其对 OCBA 和 AVMS 的影响。为此,笔者设计了 5 个不同的 WoBCP 和 AIRPP 数值组合,

如表 7.4 所示,OCBA 和 AVMS 较初始模拟结果均有所增加,且在 PSC-1 中分别达到 49.275 和 7.896,且较单项管理策略中相应变量的模拟结果更为显著。在其他组合下,也得到了类似的结果。但是,随着组合中 AIRPP 数值的减小,OCBA 和 AVMS 的数值也相应变小,这一结果则反映出相较于企业发展的动机效应,晋升效应的主导作用更为明显。因此,在实际项目中,在资源有限的情况下,决策者可以优先考虑通过增加政治擢升机会来驱动参建方增强组织公民行为,进而提高重大工程项目成功的可能性。

表 7.3　情景 A 和情景 B 的仿真结果

年份	PSA-1							PSA-2						
	OCBA	AVMS	AVPC	AVIB	AVCB	AVC	AVHRM	OCBA	AVMS	AVPC	AVIB	AVCB	AVC	AVHRM
1	3.273	0.564	2.409	2.188	2.347	2.298	2.254	3.369	0.564	2.409	2.188	2.347	2.298	2.254
2	7.002	1.148	4.931	4.480	4.805	4.705	4.614	7.505	1.148	5.005	4.547	4.877	4.775	4.683
3	11.210	1.756	7.567	6.875	7.373	7.220	7.080	12.470	1.756	7.788	7.076	7.589	7.431	7.287
4	15.929	2.393	10.317	9.374	10.053	9.844	9.653	18.339	2.394	10.761	9.777	10.485	10.267	10.068
5	21.201	3.069	13.183	11.978	12.846	12.578	12.335	25.218	3.075	13.925	12.651	13.568	13.285	13.029
6	27.096	3.802	16.169	14.690	15.755	15.427	15.129	33.280	3.822	17.287	15.706	16.844	16.493	16.174
7	33.724	4.618	19.280	17.517	18.786	18.395	18.039	42.790	4.674	20.860	18.953	20.327	19.903	19.518
8	38.360	5.564	22.527	20.467	21.950	21.493	21.078	46.001	5.673	24.668	22.413	24.037	23.536	23.081
9	40.318	6.629	25.926	23.555	25.262	24.736	24.258	49.610	6.780	28.744	26.116	28.009	27.425	25.895
10	42.606	7.793	29.498	26.801	28.743	28.144	27.600	53.989	7.950	33.139	30.110	32.292	31.618	31.007
年份	PSB-1							PSB-2						
	OCBA	AVMS	AVPC	AVIB	AVCB	AVC	AVHRM	OCBA	AVMS	AVPC	AVIB	AVCB	AVC	AVHRM
1	3.258	0.564	2.409	2.188	2.347	2.298	2.254	3.354	0.564	2.409	2.189	2.347	2.298	2.254
2	6.927	1.148	4.920	4.470	4.794	4.694	4.604	7.428	1.148	4.994	4.537	4.866	4.765	4.673
3	11.026	1.756	7.534	6.845	7.341	7.188	7.049	12.278	1.756	7.755	7.046	7.557	7.399	7.256
4	15.580	2.393	10.251	9.313	9.988	9.780	9.591	17.969	2.394	10.694	9.716	10.421	10.203	10.006
5	20.625	3.068	13.072	11.877	12.738	12.472	12.231	24.596	3.074	13.813	12.550	13.460	13.179	12.925
6	26.221	3.799	16.001	14.538	15.592	15.267	14.972	32.313	3.819	17.119	15.554	16.681	16.333	16.017
7	32.459	4.611	19.043	17.302	18.556	18.169	17.818	41.359	4.665	20.623	18.737	20.095	19.676	19.296
8	37.241	5.547	22.207	20.177	21.639	21.188	20.779	44.834	5.660	24.346	22.120	23.723	23.228	22.779
9	38.981	6.605	25.507	23.175	24.854	24.336	23.866	48.169	6.761	28.318	25.729	27.594	27.018	26.496
10	41.003	7.762	28.961	26.313	28.220	27.631	27.097	52.194	7.930	32.586	29.607	31.752	31.090	30.489

表 7.4 情景 C 的仿真结果

年份 AIRPC /PP	PSC-1		PSC-2		PSC-3		PSC-4		PSC-5	
	0/0.4		0.1/0.3		0.2/0.2		0.3/0.1		0.4/0	
	OCBA	AVMS	OCBA	AVMS	OCBA	AVMS	OCBA	AVMS	OCBA	AVMS
1	3.330	0.564	3.321	0.564	3.316	0.564	3.316	0.564	3.311	0.564
2	7.302	1.148	7.252	1.148	7.226	1.148	7.214	1.148	7.201	1.148
3	11.960	1.756	11.834	1.756	11.77	1.756	11.739	1.756	11.708	1.756
4	17.358	2.394	17.115	2.394	16.996	2.394	16.936	2.394	16.876	2.394
5	23.574	3.072	23.171	3.072	22.970	3.071	22.870	3.071	22.770	3.071
6	30.733	3.814	30.112	3.812	29.803	3.811	29.650	3.810	29.497	3.810
7	39.030	4.651	38.118	4.646	37.666	4.643	37.441	4.641	37.217	4.640
8	42.905	5.637	42.140	5.625	41.758	5.619	41.567	5.616	41.377	5.612
9	45.808	6.728	44.877	6.712	44.414	6.704	44.183	6.700	43.952	6.696
10	49.275	7.896	48.133	7.879	47.567	7.871	47.285	7.867	47.004	7.863

7.4 本章小结

在本章中，笔者使用了多种方法来检验所构建模型的可靠性和稳健性。在此基础上，设计了 3 种管理策略情景，深入探讨其对提升重大工程项目成功的有效性。模拟结果表明，在单一策略模拟中，变量 AIRPP 比 WoBCP 对 OCB 的影响更大；而在混合策略情景中，通过对 AIRPP 和 WoBCP 变量的比例关系设置，更进一步揭示了政治擢升动因对于提升项目成功的重要性。

第 8 章
结论与展望

8.1 主要结论

重大工程通常被定义为耗资至少 10 亿美元、建设耗时多年、涉及众多利益相关者并影响数百万人的大规模投资(Flyvbjerg, 2014)。在过去几十年中,世界范围内的重大工程数量不断增加,仅 2009—2012 年,新兴市场基础设施每年支出约为 2.25 万亿美元(Caldas 和 Gupta, 2017 年)。然而,重大工程一直被视为项目世界的“野兽”(Zarina Alias 等,2014),导致预算超支、工期超期、效益低下等问题的原因众多,如业主能力差(Winch 和 Leiringer, 2016)和项目技术复杂性高(Giezen, 2013; Kardes 等,2013)。但是,最近的研究还指出,缺乏对重大工程项目成功的科学和系统的认识也是导致重大工程表现不佳的主要原因之一(Shenhar 和 Holzmann, 2017; He 等,2019a)。鉴于此,本书立足于我国国情,结合我国的重大工程实践,对“重大工程项目成功”这一核心科学问题进行较为系统和深入的研究,重点包含重大工程项目成功的多维度和评价指标识别,项目成功要素识别及影响作用分析,并在此基础上探讨重大工程项目成功的提升策略。通过笔者的研究,主要得出了以下几点结论。

(1) 揭示了重大工程项目成功的 5 个维度共计 23 项评价指标,包括“项目实施效率及效果”“关键利益相关者满意”“企业(组织)战略目标达成”“行业的创新与发展”及“综合社会影响”。随后,笔者基于模糊集理论进一步确定了 9 个关键评价指标,以用于评估重大工程项目成功,具体包含“符合设计、技术、环保等的相关规定和要求”“职业健康、安全和环境(HSE)目标实现”“符合设计使用功能,提供公众所需的价值/服务”“业主方满意度”“政府方满意度”“企业品牌或声誉的提升”“新市场的开拓,或市场份额/竞争力的提升”“提升公众自信心和自豪感”“为国家或地区发展带来明显的社会经济效益”。

(2) 通过因子分析共识别出 6 大聚类,32 个关键成功要素,聚类包括“项目管理措施的有效性”“项目参与者相关因素”“创新管理方法的应用”“外部因素”“经济因素”和“组织因素”。

(3) 第 5 章通过 PLS-SEM 模型探索出的关键成功要素与关键评价指标之

间的关系。结果表明，只有“经济因素”和“组织因素”与假设模型中的关键评价指标呈正相关。此外，“经济因素”被认为是影响重大工程项目成功的首要关键因素。

(4) 第 6 章中笔者基于系统动力学的理论与方法，利用 Vensim Ple 软件先后构建了因果循环图和存量流量图，从而构建起重大工程项目成功的动态评估模型。

(5) 第 7 章的结果指出，与变量 AIRPC 相比，AIRP 的增加对组织公民行为的增强和对重大工程项目成功的影响更为显著。此外，多策略场景模拟结果表明，如果 AIRPP 组合的数值较高，则 OCBA 的数值和项目的成功率也会较高。这一发现证明了改进 AIRPC 的重要性，尤其是在项目资源有限的情况下。

本项研究的贡献主要在 4 个方面。首先，已确定的 23 个成功评价指标可供建筑从业者用于更好地认识重大工程项目成功，有的放矢并据此提升重大工程项目管理的有效性。9 个关键评价指标的应用可以帮助决策者在多个备选方案中确定最佳解决方案，从而可以将有限的资源或精力投入到更值得关注的评价指标上。其次，32 个关键成功要素及其重要性排序可以帮助行业专业人士了解重大工程背后的关键成功要素，以进一步改善项目管理绩效。再次，构建的系统动力学动态模型不仅有助于从定量的角度解释变量之间的相互作用，而且可以加深利益相关者对整个项目成功系统的理解。最后，所建立的模型可以作为一个仿真平台，模拟各项提升策略对于重大工程项目成功的潜在优势和劣势，借助计算机工具研究不同的未来场景，而这方面的研究相对较少。

8.2 局限性和未来研究

8.2.1 局限性

本项研究存在 2 个局限性，即样本量小和仿真模型的局限性。

(1) 第一个在于样本量小，虽然笔者努力扩大问卷发放量以及均衡问卷发放的地域，使回收的数据能够符合统计学的要求以支持所提出的假设。但是，重大工程的数量相对有限，未来或许可以增加问卷样本量以加强模型验证的证据，实现模型假设等的进一步改进。

(2) 另一个局限性在于已建立的仿真模型，考虑到模型的规模和复杂性，笔者在模型中只考虑了一个关键成功要素对重大工程项目成功的影响。“经济因素”和“组织因素”中的其他要素也应该考虑其中，以全面检验其可能存在的动态交互。

8.2.2　未来研究

本书不仅为重大工程项目成功的理论研究打开了一扇新的窗口，也为进一步的研究提供了基础。

(1) 未来的研究应包括经济因素和组织因素在内的所有关键成功要素，以提高仿真模型的可信度和预测准确性。

(2) 在本书中，仅对 3 种政策情景进行了模拟和分析。未来研究可以运用已构建的仿真模型对不同设计策略进行类似模拟，并分析其有效性。

附 录

附录 A 项目成功综述中所涉及的文献列表

No.	Journal	Authors	Year
1	*African Journal of Business Management*	LI Y, LU Y, PENG Y.	2011
2	*Advanced Engineering Informatics*	EL-SABONI M, AOUAD G, SABOUNI A.	2009
3	*African Journal of Business Management*	KHAN A S, GUL S, SHAH A.	2011
4	*Arabian Journal for Science and Engineering*	NILASHI M, ZAKARIA R, IBRAHIM O, et al.	2014
5	*Asia Pacific Business Review*	THI C H, SWIERCZEK F W.	2010
6	*Asian Social Science*	RAJABLU M, MARTHANDAN G, YUSOFF W F W.	2014
7	*Australian Journal of Civil Engineering*	CROSBY P.	2017
8	*Australian Journal of Management*	CLEMENTS K W, SI J.	2011
9	*Automation in Construction*	WANG Y R, GIBSON G E.	2010
10	*Automation in Construction*	CHENG M Y, TSAI H C, SUDJONO E.	2012
11	*Baltic Journal of Management*	MULLER R, TURNER J R.	2010
12	*Benchmarking: An International Journal.*	OSEI-KYEI R, CHAN A P C, AMEYAW E E.	2016
13	*BEPAM*	AMOATEY C, HAYIBOR M V K.	2017
14	*BEPAM*	ROHMAN M A, DOLOI H, HEYWOOD C A.	2016
15	*BEPAM*	BABATUNDE S O, PERERA S, ZHOU L, et al.	2016

（续表）

No.	Journal	Authors	Year
16	*BEPAM*	THANH N H, HADIKUSUMO B H W.	2016
17	*Cities*	BAE Y, JOO Y M.	2016
18	*Civil Engineering Journal*	ZARE M B, JALILI A M, MIRABI M.	2016
19	*Civil Engineering Journal*	AKAL A Y, ABU E, EL-HAMRAWY S.	2016
20	*CEB*	ALASHWAL A M, FAREED N F, AL-OBAIDI K M.	2017
21	*CEB*	FAHRI J, BIESENTHAL C, POLLACK J, et al.	2015
22	*CEB*	SANNI A O.	2016
23	*CEB*	ROTIMI J O B, RAMANAYAKA C.	2015
24	*CEB*	MUSA M M, AMIRUDIN R, SOFIELD T, et al.	2015
25	*Construction Innovation*	NITITHAMYONG P, SKIBNIEWSK M J.	2011
26	*Construction Innovation*	TOOR S R, OGUNLANA S O.	2009
27	*CME*	ROWLINSON S, CHEUNG Y K F.	2008
28	*CME*	LEHTIRANTA L, KÄRNÄ S, JUNNONEN J M, et al.	2012
29	*CME*	THOMSON D.	2011
30	*CME*	TABISH S Z S, JHA K N.	2011
31	*CME*	YONG Y C, MUSTAFFA N E.	2013
32	*CME*	MBACHU J, NKADO R.	2007
33	*Corporate Ownership & Control*	MAVETERA N, SEKHABISA K, MAVETERA C, et al.	2015
34	*Ecological Indicators*	OLANIPEKUN A O, CHAN A P C, XIA, B, et al.	2017

（续表）

No.	Journal	Authors	Year
35	*Engineering Management Journal*	AHMED R, MOHAMAD N A B.	2016
36	*Engineering Management Journal*	HUGHES S W, TIPPETT D D, THOMAS W K.	2015
37	*Engineering, Construction and Architectural Management*	HERAVI G, ILBEIGI M.	2012
38	*Entrepreneurial Business and Economics Review*	WĘGRZYN J.	2016
39	*Environmental Modelling & Software*	MERRITT W S, FU B, TICEHURST J L, et al.	2017
40	*European Management Journal*	MÜLLER R, TURNER R.	2007
41	*Evaluation & the Health Professions*	HOGLE J A, MOBERG D P.	2014
42	*Facilities*	OSEI-KYEI R, CHAN A P C.	2017
43	*Habitat International*	ZHOU T, ZHOU Y, LIU G.	2017
44	*IEEE Transactions on Engineering Management*	NG S T, WONG YOKI M W, WONG JAMES M W.	2010
45	*IEEE Transactions on Engineering Management*	MULLER R, GERALDI J, TURNER J R.	2012
46	*IEEE Transactions on Engineering Management*	LECHLER T G, DVIR D.	2010
47	*Industrial Engineering and Management Systems*	KHALILZADEH M, AKBARI H, FOROUGHI A.	2016
48	*International Journal of Applied Engineering Research*	SANDBHOR S, CHOUDHARY S, ARORA A, et al.	2014
49	*International Journal of Applied Engineering Research*	SANDBHOR S K, SHIRSAGAR M, CHOUDHARY S, et al.	2015
50	*International Journal of Business and Society*	MARKOM R, ALI E R A E.	2012
51	*International Journal of Civil Engineering and Technology*	WAHAJ M, DEEP S, DIXIT R B, et al.	2017
52	*IJCM*	WAI S H, AMINAH M Y, SYUHAIDA I.	2013

（续表）

No.	Journal	Authors	Year
53	*IJCM*	OSEI-KYEI R，CHAN A P C.	2016
54	*IJCM*	SAADI R，ABDOU A.	2016
55	*IJCM*	JIN X H，TAN H C，ZUO J，et al.	2012
56	*International Journal of Disaster Resilience in the Built Environment*	OPHIYANDRI T，AMARATUNGA D，PATHIRAGE C，et al.	2013
57	*International Journal of Engineering Business Management*	WAI S H，YUSOF A M，ISMAIL S，et al.	2013
58	*International Journal of Information Systems and Project Management*	GILBERT S A J，RON S.	2016
59	*IJMPB*	SATO C E Y，MILTON F C，	2014
60	*IJMPB*	ROLSTADAS A，et al.	2014
61	*IJMPB*	JOSLIN R，R MÜLLER.	2016
62	*IJMPB*	MOTALEB O H，AND KISHK M.	2014
63	*IJPM*	AHADZIE D K，PROVERBS D G，OLOMOLAIYE P O.	2008
64	*IJPM*	IKA L A，DONNELLY J.	2017
65	*IJPM*	OSEI-KYEI R，CHAN A P C.	2015
66	*IJPM*	JOSLIN R，MÜLLER R.	2015
67	*IJPM*	JOSLIN R，MÜLLER R.	2016
68	*IJPM*	CHANG A，CHIH Y Y，CHEW E，et al.	2013
69	*IJPM*	MAZUR A，PISARSKI A，CHANG A，et al.	2014
70	*IJPM*	CARVALHO M M，PATAH L A，DIÓGENES S B.	2015
71	*IJPM*	BRYDE D.	2008
72	*IJPM*	REZVANI A，CHANG A，WIEWIORA A，et al.	2016
73	*IJPM*	PETRO Y，GARDINER P.	2015

（续表）

No.	Journal	Authors	Year
74	*IJPM*	ALZAHRANI J I, EMSLEY M W.	2013
75	*IJPM*	ZOU W, KUMARASWAMY M, CHUNG J, et al.	2014
76	*IJPM*	KHAN A S, RASHEED F.	2015
77	*IJPM*	MÜLLER R, ZHAI L, WANG A.	2017
78	*IJPM*	CARVALHO M M, RABECHINI R.	2017
79	*IJPM*	BANIHASHEMI S, HOSSEINI M R, GOLIZADEH H, et al.	2017
80	*IJPM*	YU J H, KWON H R.	2011
81	*IJPM*	DAVIS K.	2014
82	*IJPM*	DAVIS K.	2017
83	*IJPM*	RUUSKA I, TEIGLAND R.	2009
84	*IJPM*	DOLOI H, IYER K C, SAWHNEY A.	2011
85	*IJPM*	TODOROVIĆ M L, PETROVIĆ D C, MIHIĆ M M, et al.	2015
86	*IJPM*	COSTANTINO F, GRAVIO G, NONINO F.	2015
87	*IJPM*	TMEEMY S M H M, ABDUL-RAHMAN H, HARUN Z.	2011
88	*IJPM*	TOOR S R, OGUNLANA S O.	2008
89	*IJPM*	CHOU J S, PRAMUDAWARDHANI D.	2015
90	*International Journal of Strategic Property Management*	OSEI-KYEI R, CHAN ALBERT P C, JAVED A A, et al.	2017
91	*International Journal of Strategic Property Management*	GUDIENÉ N, BANAITIS A, BANAITIENÉ N.	2013
92	*International Journal of Sustainable Built Environment*	IHUAH P W, KAKULU I I, EATON D.	2014
93	*International Journal of Urban Sciences*	GHANAEE M, POUREZZAT A A.	2013

（续表）

No.	Journal	Authors	Year
94	*Jordan Journal of Civil Engineering*	KAHWAJIAN A, BABA S, AMUDI O, et al.	2014
95	Journal of Business Economics and Management	KAO C H, HUANG C H, HSU M S C, et al.	2016
96	*JCEM-1*	SURLAN N, CEKIC Z, TORBICA Z.	2015
97	JCEM-1	GHOSH S, AMAYA L, SKIBNIEWSKI M J.	2012
98	*JCEM-1*	LIU H, SKIBNIEWSKI M J, WANG M.	2015
99	*JCEM-1*	GUDIENÉ N, BANAITIS A, PODVEZKO V, et al.	2014
100	*JCEM-1*	YUN S, JUNG W, HAN S H, et al.	2015
101	*JCEM-1*	PINTER U, PŠUNDER I.	2013
102	*JCEM-1*	YANG J, SHEN G Q, HO M, et al.	2009
103	*JCEM-1*	AZNAR B, PELLICER E, DAVIS S, et al.	2017
104	*JCEM-1*	CHENG M Y, HUANG C C, ROY A F V.	2013
105	*Journal of Cleaner Production*	SHEN LY, TAM V W. Y, TAM L, et al.	2010
106	*JCEM-2*	TABISH S Z S, JHA K N.	2012
107	*JCEM-2*	CHOU J S, IRAWAN N, PHAM A D.	2013
108	*JCEM-2*	LOVE P E D, MISTRY D, DAVIS P R.	2010
109	*JCEM-2*	GHANBARIPOUR A N, LANGSTON C, YOUSEFI A.	2017
110	*JCEM-2*	O'CONNOR J T, CHOI J O, WINKLER M.	2016
111	*JCEM-2*	HWANG B G, LIM E S.	2012
112	*JCEM-2*	LAM E W M, CHAN A P C, CHAN D W M.	2008

（续表）

No.	Journal	Authors	Year
113	*JCEM-2*	KO C H, CHENG M Y.	2007
114	*Journal of Engineering, Design and Technology*	CHAU N D, LONG L H.	2016
115	*Journal of Environmental Planning and Management*	BASSAN M, KONÉ D, MBÉGUÉRÉ M, et al.	2014
116	*Journal of Facilities Management*	AMEYAW E E, CHAN A P C, OWUSU-MANU D G.	2016
117	*Journal of Fundamental and Applied Sciences*	ZARE M B, MIRJALILI A, MIRABI M.	2016
118	*Journal of Green Building*	RASEKH H, MCCARTHY T J.	2016
119	*Journal of Infrastructure Systems*	OSEI-KYEI R, CHAN A P C.	2017
120	*JME*	HU Y, CHAN A P C, LE Y.	2014
121	*JME*	JIANG W, LU Y, LE Y.	2016
122	*JME*	LIU J, LOVE P E D, SMITH J, et al.	2015
123	*JME*	LUO L, HE Q, XIE J, et al.	2017
124	*JME*	CHAN ALBERT P C, CHAN DANIEL W M, FAN LINDA C N, et al.	2008
125	*JME*	ERDEM D, OZORHON B.	2015
126	*JME*	MOLENAAR K R, JAVERNICK W A, BASTIAS A G, et al.	2013
127	*JME*	LAM PT I, CHIANG Y H, CHAN S H.	2011
128	*JME*	MENG X, ZHAO Q, SHEN G Q P.	2011
129	*JME*	YU A T W, SHEN G Q P.	2015
130	*JME*	KRAJANGSRI T, PONG P J.	2017
131	*JME*	ALMOHSEN A S, RUWANPURA J Y.	2016
132	*JME*	LIU B, HUO T, MENG J, et al.	2016
133	*Journal of Performance of Constructed Facilities*	OYEDELE L O.	2013

（续表）

No.	Journal	Authors	Year
134	*Journal of Sustainability Science and Management*	PONNIAH V, ISMAIL R, SHAFIEI M W M.	2015
135	*KSCE Journal of Civil Engineering*	RIBEIRO P, PAIVA A, VARAJÃO J, et al.	2013
136	*Life Science Journal*	EJAZ N, HUSSAIN J, SHABBIR F, et al.	2013
137	*Management Research Review*	GUPTA A, GUPTA M C, AGRAWAL R.	2012
138	*International Journal of Management Science and Engineering Management Journal*	OGWUELEKA A.	2011
139	*Pakistan Journal of Statistics*	WU G.	2013
140	*Planning Theory and Practice*	WARD E J, WRIGHT P G, DIMITRIOU H T.	2014
141	*PMJ*	ALDERMAN N, IVORY C.	2011
142	*PMJ*	MARTENS M L, CARVALHO M M.	2017
143	*PMJ*	KHANG D B, MOE T L.	2008
144	*PMJ*	IKA L. A.	2009
145	*PMJ*	WILLIAMS T.	2016
146	*PMJ*	CREASY T, ANANTATMULA V S.	2013
147	*PMJ*	TURNER R,ZOLIN R.	2012
148	*PMJ*	GEOGHEGAN L, DULEWICZ V.	2008
149	*Quality & Quantity*	AHMED R, MOHAMAD N A B, AHMAD M S.	2014
150	*Renewable and Sustainable Energy Reviews*	ZHAO Z Y, ZUO J, ZILLANTE G.	2013
151	*Renewable Energy*	ZHAO Z Y, ZUO J, ZILLANTE G, et al.	2009
152	*Research in Transportation Economics*	GALILEA P, MEDDA F.	2010
153	*Safety Science*	AKSORN T, HADIKUSUMO B H W.	2008

（续表）

No.	Journal	Authors	Year
154	*Scientific Research and Essay*	ELATTAR S M S.	2009
155	*South African Journal of Industrial Engineering*	VAN NIEKERK S I，STEYN H.	2012
156	*South African Journal of Industrial Engineering*	CHIHURI S，PRETORIUS L.	2012
157	*South African Journal of Industrial Engineering*	PRETORIUS S，STEYN H，JORDAAN J C.	2012
158	*Structural Survey*	LOW S P，GAO S，TAY W L.	2014
159	*Structural Survey*	OFORI-BOADU A，OWUSU-MANU D. G，EDWARDS D，et al.	2012
160	*Sustainability*	SHI S，CHONG H Y，LIU L，et al.	2016
161	*The TQM Journal*	ULLAH F，THAHEEM A J，SIDDIQUI S Q，et al.	2017
162	*Transportation Planning & Technology*	HUGO P，BERT V W.	2007
163	*Transport Reviews*	LIYANAGE C，VILLALBAROMERO F.	2015
164	*Water Science Technology*	MOSTAFAEI A，KALANTARI N，ZARKESH M K.	2016

附录 B 重大工程项目成功的评价指标与关键要素综述中所涉及的文献列表

No.	Authors	Year	Journal
1	HU Y, CHAN ALBERT P C, LE Y.	2015	*Journal of Management in Engineering*
2	ASGARIM, KHEYRODDIN A, NADERPOUR H.	2017	*Civil Engineering Journal*
3	WINCH G, LEIRINGER R.	2016	*International Journal of Project Management*
4	NING Y, LING F Y Y.	2014	*Journal of Construction Engineering and Management*
5	KARDES I, OZTURK A, CAVUSGIL S T, et al.	2013	*International Business Review*
6	TOOR S R, OGUNLANA S O.	2009	*Construction Innovation*
7	CALDAS C, GUPTA A.	2017	*Engineering, Construction and Architectural Management*
8	DAVIES A, GANN D, DOUGLAS T.	2009	*California Management Review*
9	PUERTO C L, SHANE JS.	2014	*Journal of Construction Engineering and Management*
10	KLAKEGG O J, WILLIAMS T, SHIFERAW A T.	2016	*International Journal of Project Management*
11	DIMITRIOU H T, WARD E J, WRIGHT P G.	2013	*Progress in Planning*
12	LI Q, YIN Z M, CHONG H Y, et al.	2018	*Journal of Management in Engineering*
13	VERWEIJ S.	2015	*International Journal of Project Management*
14	NG S T, SKITMORE M, TAM K Y, et al.	2014	*Proceedings of the Institution of Civil Engineers: Municipal Engineer*
15	MAZUR A, PISARSKI A, CHANG A, et al.	2014	*International Journal of Project Management*
16	BUBSHAIT A A, SIDDIQUI M K, AL-BUALI A M.	2014	*Journal of Performance of Constructed Facilities*
17	CROSBY P.	2017	*Australian Journal of Civil Engineering*
18	STURUP S, LOW N.	2015	*Urban Policy and Research*

（续表）

No.	Authors	Year	Journal
19	HOSSEINI M R, BANIHASHEMI S, MARTEK I, et al.	2017	*Journal of Management in Engineering*
20	LOCATELLI G, MIKIC M, BROOKES N, et al.	2017	*Project Management Journal*
21	FAHRI J, BIESENTHAL C, POLLACK J, et al.	2015	*Construction Economics and Building*
22	CEPEDA D M, SOHAIL M, OGUNLOWO O O.	2018	*Management, Procurement and Law*
23	KWAK Y H, WALEWSKI J, SLEEPER D, et al.	2013	*International Journal of Project Management*
24	NGUYEN L D, OGUNLANA S O, LAN D T X.	2004	*Engineering, Construction and Architectural Management*
25*	RODRÍGUEZ-SEGURA E, ORTIZ-MARCOS I, ROMERO J J, et al.	2016	*Journal of Business Research*
26*	SHENHAR A, HOLZMANN V.	2018	*Project Management Journal*
27*	AL NAHYAN M T, SOHAL A S, FILDES B N, et al.	2012	*Construction Innovation*
28	LAU C Y, LEE W C.	2016	*Environmental Management*
29	TABISH S Z S, JHA K N.	2018	*Journal of Construction Engineering and Management*
30	VAN NIEKERK S I, STEYN H.	2011	*South African Journal of Industrial Engineering*
31	HU Y, CHAN ALBERT P C, LE Y, et al.	2016	*Journal of Management in Engineering*
32	TURNER R, ZOLIN R.	2012	*Project Management Journal*
33	TURNER J R, XUE Y.	2018	*International Journal of Managing Projects in Business*
34	DIMITRIOU H T, WARD E J, DEAN M.	2016	*Research in Transportation Economics*
35	VOLDEN G H.	2018	*Evaluation and Program Planning*
36	CHANG A, CHIH Y Y, CHEW E, et al.	2013	*International Journal of Project Management*
37	YAN H Y, ELZARKA H, GAO C, et al.	2018	*Journal of Management in Engineering*
38	TOOR S R, OGUNLANA S O.	2010	*International Journal of Project Management*

附录C 半结构化访谈大纲

(一) 采访人自我介绍

问候受访者,并简要自我介绍,包括就读专业、学术研究方向等。

(二) 访谈说明

1. 向受访者说明访谈目的:希望通过重大工程建设项目领域专业人士的视角,结合其丰富的实践经验对重大工程项目成功评价指标和成功要素进行识别研究。

2. 向受访者说明,为方便记录会对采访全程录音,但仅用于研究活动,对受访者的个人隐私也会保密。

3. 告知受访者,在采访中若有疑问或不适可以随时打断,提出意见。

4. 向受访者说明本次访谈不支付报酬,但作为感谢会赠送一份纪念品;倘若对本研究结果感兴趣,则会在研究结束之后将此成果分享给受访者。

联系地址:上海市杨浦区四平路1063号中天大厦20楼05室

同济大学复杂工程管理研究院,邮编:200092

联系人:王婷,邮箱:pauline_wt@163.com.

(三) 正式访谈

第一部分:受访者背景资料

1. 您的年龄在什么范围?

21～30岁　　31～40岁　　41～50岁　　>50岁

2. 您的教育背景:

中专以下　　中专　　高中　　本科　　研究生

3. 您在建筑相关行业的工作年限是________年,参与重大工程的工作年限是________年。

4. 您目前所在的工作单位是:________,职务:________

5. 您所在单位在重大工程建设过程中承担的角色:

业主　承包商　设计方　供应商　工程咨询单位(含监理)其他

6. 请您选择曾经参与过的一个重大工程项目案例为参考来回答第二部分问题:

您选择的重大工程的名称:______________

该项目的投资方为:________,投资额为__________亿元(人民币)。

第二部分：重大工程项目成功的评价指标和成功要素访谈提纲

1. 您认为应该怎样定义重大工程项目成功？或者您认为当一项重大工程项目产生了怎样的效果(或效益)则可视为成功？与一般建设工程项目相比有何特殊之处(如有，请结合具体的例子进行阐释)？

2. 您认为有哪些关键指标可以用来评价重大工程项目成功？与一般建设工程项目相比有何特殊之处(如有，请结合具体的例子进行阐释)？

3. 如果对(您刚回答的)重大工程项目成功的关键评价指标进行排序，您认为这个排序应该是怎样的？请谈谈您的看法。

4. 您认为重大工程项目中有哪些有别于一般建设工程项目成功要素(如有，请结合具体的例子进行阐释)？

5. 如果对(您刚回答的)重大工程项目成功要素进行排序，您认为这个排序应该是怎样的，请谈谈您的看法？

6. 对于刚才的讨论，您还有需要补充的地方吗？

(四) 访谈结束

再次感谢受访者的积极支持与配合，表达对今后与受访者继续交流的期待。

附录D 调查问卷

重大工程项目成功的关键指标及成功要素调查问卷

尊敬的专家：

您好！

非常感谢您拨冗参与本次问卷调研，本调研是同济大学建设管理与房地产系联同香港理工大学建设及房地产学系的博士生研究课题及国家自然科学基金委研究课题“重大工程项目成功要素识别、双元驱动及组织适应性研究”（项目批准号：71971161）的重要组成部分，旨在立足于“政府—市场”二元典型情景下，深入研究我国重大工程实施阶段项目成功的关键评价指标、成功要素及有效提升项目成功的管理策略。

鉴于您在重大工程领域的相关成就及实践经验，我们诚挚地邀请您参与本次问卷调研。问卷中的问题选项无对错之分，**请您选择一个最近主持或参与的重大工程项目为参照，给出您认为最能反映该项目实际情况的选择**。本问卷不记名，我们向您保证，本次调研仅作为学术研究使用，绝不会透露您的个人信息，请放心填写。

填写过程预计需要花费您 10～15 min 的时间，您的支持对完成本研究非常重要，请您尽量于 2 周内将填写完毕的问卷发送至 pauline_wt@163. com。非常感谢您的重视和支持，特此向您致谢！

博士研究生　王婷
博士生导师　何清华　教授
同济大学　建设管理与房地产系
博士生导师　陈炳泉　讲座教授
香港理工大学　建设及房地产学系

注释：**重大工程**通常指整体投资规模较大，具有较高的建设复杂性和风险性，工期较长，参与人员众多，对所在地区乃至国家的经济、技术、环境和居民生活有重大及广泛影响的一类建设项目。本研究中的重大工程主要是指基础设施类重大工程项目且总投资额在 10 亿元人民币以上，例如大型桥梁、城市地铁、高速公路铁路、大型文化体育场馆设施等。

第一部分：项目基本信息

【请选择一个您最近主持或参与的重大工程，填写项目基本信息，并以此项目为参照回答本问卷的问题】

1. 您属于该项目的	业主方(包含与项目直接相关的政府管理部门成员，业主方自身团队成员及业主委托的主要工程咨询团队成员，如全过程工程咨询、项目代建、项目管理、工程监理、造价咨询(QS咨询)、招标代理等) 设计方(包含业主委托的设计单位、设计顾问/咨询等) 施工方(包含工程总承包(EPC/DB)、施工总承包、主要专业分包和供应商等)
2. 该重大项目的名称	
3. 该项目的开工年份	
4. 该项目所在的城市	
5. 该项目的总投资额(人民币)	10～30亿元　30～50亿元　50～100亿元　>100亿元
5. 该项目的属性(可多选)	政府投资项目　公私合作项目　社会投资项目
6. 该项目属于(可多选)	国家五年规划项目　省五年规划项目　所在地重大/重点项目　其他

第二部分：重大工程项目成功的关键指标调查

【请根据您所参与项目的实际情况进行填写，并在最适当处勾选】

	分类	指标	评价				
			非常不认同	不认同	中立	认同	非常认同
1	项目实施效率及效果	项目管理“铁三角”(进度、质量、成本)目标实现	1	2	3	4	5
2		职业健康、安全和环境(HSE)目标实现	1	2	3	4	5
3		符合设计、技术、环保等的相关规定和要求	1	2	3	4	5
4		满足设计使用功能，并提供公众所需的价值/服务					

（续表）

	分类	指标	评价				
			非常不认同	不认同	中立	认同	非常认同
5	关键利益相关者满意	政府方满意度	1	2	3	4	5
6		业主方满意度	1	2	3	4	5
7		参建单位（含咨询单位、设计单位和施工单位等）满意度					
8		社会公众满意度	1	2	3	4	5
9		利益相关者之间建立良好的沟通与合作	1	2	3	4	5
10	企业（组织）战略目标达成	新发明或新技术的使用	1	2	3	4	5
11		收益或利润的实现	1	2	3	4	5
12		新市场的开拓，或市场份额/竞争力的提升	1	2	3	4	5
13		（企业/组织）培育新的能力或胜任力	1	2	3	4	5
14		企业品牌或声誉的提升	1	2	3	4	5
15		为企业或项目培养专业人才	1	2	3	4	5
16	行业的创新与发展	具有行业标杆或示范效应，某些管理制度或技术标准可向相似或相同类型的项目推广	1	2	3	4	5
17		有效促进建筑业及其相关产业的创新与协同发展，例如树立新的行业标准（规范），推动建筑产业链的发展	1	2	3	4	5
18		行业在国际市场竞争力的提升	1	2	3	4	5
19		具有重大工程技术和管理领域理论和实践创新贡献	1	2	3	4	5
20	综合社会影响	为国家或地区发展带来明显的社会经济效益	1	2	3	4	5
21		满足社会、经济、环境的可持续性发展要求和目标	1	2	3	4	5
22		增强社会的稳定，提升社会和谐度	1	2	3	4	5
23		提升公众自信心和自豪感	1	2	3	4	5

* 如果您认为以上对重大工程项目成功的关键评价指标有所遗漏，请在下方表格中的相应空格处填写出您认为还应当添加的评价指标，并对其进行重要性评价（在最适当的“”处点击勾选）

（续表）

	指标	评价				
		非常不认同	不认同	中立	认同	非常认同
1		1	2	3	4	5
2		1	2	3	4	5
3		1	2	3	4	5

第三部分：影响重大工程项目成功的关键要素调查

【请根据您所参与项目的实际情况进行填写，并在最适当处勾选】

	分类	成功要素	评价				
			非常不认同	不认同	中立	认同	非常认同
1	与项目本身相关的因素	清晰的战略愿景	1	2	3	4	5
2		项目目标与成功间的一致性	1	2	3	4	5
3		清晰的项目目标与项目定义，确保项目能够持续进行；包括目标识别、量化控制指标制定和过程监控等	1	2	3	4	5
4		有效的项目战略与目标规划	1	2	3	4	5
5		良好的项目治理，例如项目治理顶层系统设计	1	2	3	4	5
6		项目的组织设计和结构	1	2	3	4	5
7	与项目参建方（组织）相关的因素	关键利益相关者之间的良好伙伴关系，以加强施工过程协作	1	2	3	4	5
8		参建方之间充分地沟通与协调	1	2	3	4	5
9		利益相关者之间的信任，例如能够在项目过程中坚守道德、履行诺言等	1	2	3	4	5
10		业主方的胜任力和领导力，主要包括战略能力、财务能力和治理能力	1	2	3	4	5
11		项目管理者的胜任力和领导力，主要包括技术能力、沟通能力等	1	2	3	4	5
12		承包商的胜任力，主要指其稳定的建设能力和交付能力	1	2	3	4	5

（续表）

	分类	成功要素	评价				
			非常不认同	不认同	中立	认同	非常认同
13	与项目参建方（组织）相关的因素	来自组织内部的强有力支持，例如队伍内部的稳定、团结及协作	1	2	3	4	5
14		良性的组织和项目文化，例如积极倡导“奉献、奋斗、和谐”的理念和精神，激发参建人员的使命感与责任感	1	2	3	4	5
15		参建人员甘于奉献，尽职尽责；能够自觉完成任务甚至做出超越职责要求外的，但对项目有力的积极行为	1	2	3	4	5
16	经济与管理因素	充足的物资（包括人力、材料、机械以及建设资金）	1	2	3	4	5
17		建立有效的激励和约束机制，尤其是精神方面的激励（例如举办劳动竞赛、评优表彰）	1	2	3	4	5
18		项目的系统控制、协调和整合机制	1	2	3	4	5
19		有效的风险管控，合理的风险共担机制	1	2	3	4	5
20		有效的复杂性降解和管控	1	2	3	4	5
21		良好的范围管理	1	2	3	4	5
22		有效和详尽的合同管理，例如权责对等的合同规范文件	1	2	3	4	5
23		选择合适的承发包模式	1	2	3	4	5
24		竞争和透明的采购过程，有效控制腐败行为	1	2	3	4	5
25	创新因素	引导并注重创新管理，包括体制创新、技术创新、建设管理模式创新、投融资模式创新等	1	2	3	4	5
26		业主提供必要的创新资源和创新环境，如提供补贴以促进创新行为	1	2	3	4	5
27		注重前期科研及必要的人才培养，例如整合“产、学、研”创新机构，组织科研项目立项	1	2	3	4	5
28		以往相似项目的经验积累和人才储备，可以包括参建单位过往实践中的积累，相关科研院所自身开发和掌握的技术，以及从国外引进的技术与经验	1	2	3	4	5
29		采用或创新性地吸收改进先进的技术与方法，例如 BIM，自动化建造技术等	1	2	3	4	5

（续表）

	分类	成功要素	评价				
			非常不认同	不认同	中立	认同	非常认同
30	外部环境因素	国家（政府）的直接或强有力的领导，从而发挥体制优势、进行必要的协调、能够集中力量办大事	1	2	3	4	5
31		政府及相关机构的有力支持，例如政策和方针引导	1	2	3	4	5
32		公众对建设项目的接受和支持，例如配合拆迁、移民等	1	2	3	4	5
33		有效的外部监督和监管，例如各级监察部门对重大工程建设过程中的合法与合规性进行跟踪监督与审计	1	2	3	4	5
34		充分了解外部环境条件（如社会文化、政治等方面）对于项目实施的限制	1	2	3	4	5
35		社会、经济、政治环境的稳定	1	2	3	4	5

*** 如果您认为以上对影响重大工程项目成功的关键要素有所遗漏，请在下方表格中的相应空格处填写出您认为还应当添加的成功要素，并对其进行重要性评价（在最适当处勾选）**

		成功要素	**评价**				
			非常不认同	不认同	中立	认同	非常认同
1			1	2	3	4	5
2			1	2	3	4	5
3			1	2	3	4	5

第四部分：受访者基本信息

【请根据您的实际情况，在适当处勾选】

1. 性别	男　　　女
2. 年龄	26～35 岁　36～45 岁　46～55 岁　＞56 岁
3. 教育背景	高中　大专　本科　硕士研究生　博士研究生
4. 您参与工程建设的工作年限	6～10 年　11～20 年　＞20 年
5. 您参与重大工程建设的工作年限	＜5 年　6～10 年　11～20 年　＞20 年
6. 您目前属于	组织高层　组织中层　组织中层以下
7. 您在该项目上属于	高层管理者　中层管理者　中层以下

【问卷到此结束，再次感谢您对本次调研的支持和帮助！】

附录E 系统动力学模型所涉及的公式

AEIMS＝AEIMS(t－dt)＋EsI×dt

INTI AEIMS＝5

EsI＝IIEIMS×Y×AEIMS

IIEIMS＝GRAPH(OCBA)

([(0,0),(100,1)],(0,0),(10,0.02),(20,0.08),(30,0.13),(40,0.18),(50,0.24),
(60,0.31),(70,0.35),(80,0.39),(90,0.41),(100,0.42))

AIA＝AIA(t－dt)＋CNA×dt

INTI AIA＝0

CNA＝－CRC×AIPWE

AIEN＝AIEN(t－dt)＋CEN×dt

INTI AIEN＝0

CEN＝CREN×EMM

AIPWE＝AIPWE(t－dt)＋CPWE×dt

INTI AIPWE＝0

CPWE＝CRPWE×EMM

AIRMRps＝0.1

AIRPC＝0.05

AIRPP＝0.05

AROCB＝IF THEN ELSE(WAOCB>＝100, 0.1, WAOCB/10)

ATAI＝4.07

AVC(t)＝AVC(t－dt)＋(CI)×dt

INTI AVC＝0

AVCB(t)＝AVCB(t－dt)＋(CBI)×dt

INTI AVCB＝0

AVHRM(t)＝AVHRM(t－dt)＋(AVHRMI)×dt

INTI AVHRM＝0

AVIB(t)＝AVIB(t－dt)＋(IBI)×dt

AVPC(t)＝AVPC(t－dt)＋(PCI－1)×dt

INTI AVPC＝0

AVPP(t)＝AVPP(t－dt)＋(PPOI)×dt

INTI AVPP＝5

AVPC－1(t)＝AVPC－1(t－dt)＋(PCI)×dt

INTI AVPC－1＝5

HRS=4.23

CCA=4.17

CGR=4.48

CRC=0.1

CREN=0.1

CRPWE=0.1

DseBC=0.705

EI=GRAPH(AIEN)

([(0,0),(10,10)],(0,0),(1,0.1),(2,0.25),(3,0.4),(4,0.52),
(5,0.6),(6,0.66),(7,0.7),(8,0.72),(9,0.74),(10,0.75))

EIMS=AEIMS

EMM=1/2×GMC

EPNpc=1/4×AVMRps

MRpsI=AIRMRps×VMRps

IICB=1/5×IAOCB

VCB=1/3×(CCA+HOSD+SPE)

CMRC=4.28

CI=IIC×VC

IIC=1/5×IAOCB

CPA=4.38

PPMAC=4.06

PTC=4.21

VC=1/3×(CMRC+PTC+WOI)

BCP=1/4×AVMRps

GMC=1/4×AVMRps

GMP=GRAPH(GMC)

([(0,0)(100,80)],(0,0),(10,3),(20,6),(30,11),(40,16),
(50,22),(60,26),(70,29),(80,31),(90,32.5),(100,33))

GS=DseBC+EPNpc+IHSE

HI=GRAPH(AIPWE)

([(0,0),(10,10)],(0,0),(1,0.1),(2,0.25),(3,0.4),(4,0.52),
(5,0.6),(6,0.66),(7,0.7),(8,0.72),(9,0.74),(10,0.75))

IHSE=EI+HI+SI

IRMS=GRAPH(EIMS)

([(0,0),(40,1)],(0,0),(1,0.1),(2,0.18),(3,0.25),(4,0.33),
(5,0.4),(6,0.47),(7,0.55),(8,0.58),(9,0.6),(12,0.6))

MDF＝0.782

MRS＝0.791

NM＝1/4×AVMRps

OS＝BCP＋＋EMM＋IHSE＋MDF＋MRS＋NM

SI＝GRAPH(AIA)

([(−10,0)−(10,10)],(−10,0.5),(−9,0.48),(−8,0.46),(−7,0.44),(−6,0.4),
(−5,0.36),(−4,0.3),(−3,0.22),(−2,0.15),(−1,0.1),(0,0))

HRMI＝IIHRM×VHRM

IIHRM＝1/5×IAOCB

VHRM＝1/2×(BHRS＋PPMAC)

HOSD＝4.37

IAOCB＝1/4×(AVPP＋GMP＋BCP＋AVPC−1)

IBI＝IIIB×VIB

IIIB＝1/5×IAOCB

VIB＝1/2×(ATAI＋PPII)

IPP＝MPP

PPII＝3.98

VMRps＝1/3×(EIMS＋EPNpc＋MDF＋MRS)

VMS＝WVoBCP＋WVoDseBC＋WVoEPNpc＋WVoGS＋WVoIHSE
＋WVoMDF＋WVoMRS＋WVoNM＋WVoOS

WoBCP＝1/9

WoDseBC＝1/9

WoEPNpc＝1/9

WoGS＝1/9

WoIHSE＝1/9

WoMDF＝1/9

WoMRS＝1/9

WoNM＝1/9

WoOS＝1/9

WVoBCP＝BCP×WoBCP

WVoDseBC＝DseBC×WoDseBC

WVoEPNpc＝EPNpc×WoEPNpc

WVoGS＝GS×WoGS

WVoIHSE＝IHSE×WoIHSE

WVoMDF＝MDF×WoMDF

WVoMRS＝MRS×WoMRS

WVoNM＝NM×WoNM

WVoOS＝OS×WoOS

OCBA＝AROCB×TVOCB

VPC＝1/3×IPP

PCI＝AIRPC×VPC

PCI－1＝IIPC×VPC－1

IIPC＝1/5×WAOCB

VPC＝1/3×IPP

VPC－1＝1/2×(CGR＋CPA)

IIPP＝GRAPH(OCBA)

([(0,0),(100,1)],(0,0),(10,0.02),(20,0.08),(30,0.13),(40,0.18),(50,0.24),(60,0.31),(70,0.35),(80,0.39),(90,0.41),(100,0.42))

PPOI＝AIRPP×VPP

SPE＝4.41

TVOCB＝IF THEN ELSE((AVC＋AVCB＋AVHRM＋AVIB＋AVPC)＞100, 100, (AVC＋AVCB＋AVHRM＋AVIB＋AVPC))

WOI＝4.29

附录F 图表目录

参考文献

[1] ABOTALEB, I S, El - ADAWAY, I H. Managing Construction Projects through Dynamic Modeling: Reviewing the Existing Body of Knowledge and Deriving Future Research Directions[J]. Journal of Managementin Engineering, 2018,34(6): 1-17.

[2] ACKROYD, S, HUGHES, J A. Data collection in context [M]. London, UK, Longman, 1981.

[3] AKINTOYE, A. Analysis of factors influencing project cost estimating practice [J]. Construction Management and Economics, 2000, 18(1): 77-89.

[4] ALLAIRE, Y, FIRSIROTU, M E. Theories of Organizational Culture[J]. Organization Studies, 1984, 5(3): 193-226.

[5] ALTSHULER, A, Luberoff, D. Mega-Projects: The Changing Politics of Urban Public Investment[M]. Washington, DC, Brookings Institution, 2003.

[6] ALWAER, H, CLEMENTS-CROOME, D J. Key performance indicators (KPIs) and priority setting in using the multi-attribute approach for assessing sustainable intelligent buildings[J]. Building and Environment, 2010, 45(4): 799-807.

[7] ANSAR, A, FLYVBJERG, B, BUDZIER, A, et al. Should we build more large dams? The actual costs of hydropower megaproject development[J]. Energy Policy, 2014, 69: 43-56.

[8] ANSAR, A, FLYVBJERG, B. , BUDZIER, A, et al. Does infrastructure investment lead to economic growth or economic fragility? Evidence from China[J]. Oxford Review of Economic Policy, 2016, 32(3): 360-390.

[9] ANTWI- AFARI, M F, Li, H, PARN, E A. et al. Critical success factors for implementing building information modelling (BIM): A longitudinal review [J]. Automation in Construction, 2018, 91: 100-110.

[10] ASGARI, M, KHEYRODDIN, A, NADERPOUR, H A. Proposal Model for Estimation of Project Success in Terms of Radial Based Neural Networks: A Case Study in Iran[J]. Civil Engineering Journal, 2017, 3(10): 904-919.

[11] ASHLEY, D B, LURIE, C S, JASELSKIS, E J. Determinants of construction project success[J]. Project Management Journal, 1987, 18(2): 69-80.

[12] ATKINSON, R. Project management: cost. time and quality, two best guesses and a phenomenon, its time to accept other success criteria[J]. International Journal of Project

Management, 1999, 17(6): 337-342.

[13] BAIDEN, B K, PRICE, A D F, DAINTY, A R J. The extent of team integration within construction projects[J]. International Journal of Project Management, 2006, 24(1): 13-23.

[14] BALAL, B K, ARSHAD, F M, NOH, K M. System Dynamics: Modeling and Simulation[M]. Cham, Switzerland, Springer, 2017.

[15] BALOI, D, PRICE, A D. Modelling global risk factors affecting construction cost performance. International Journal of Project Management, 2013, 21(4): 261-269.

[16] BARNET, B, RUSSELL, M E. Maximizing Transportation Investments: Collaborative Fraud Prevention and Outreach[J]. Public Roads, 2009, 72(5): pp. 1-9.

[17] 京沪高速铁路股份有限公司. 龙腾京沪：京沪高速铁路建设报告文学集[C]. 北京：中国铁路出版社.

[18] BELASSI, W, TUKEL, O I. A new framework for determining critical success/failure factors in projects[J]. International Journal of Project Management, 1996, 14(3): 141-152.

[19] BJORVATN, T, WALD, A. Project complexity and team-level absorptive capacity as drivers of project management performance[J]. International Journal of Project Management, 2018, 36(6): 876-888.

[20] BOYNTON, A C, ZMUD, R W. An Assessment of Critical Success Factors[J]. Sloan Management Review, 1984, 17-27.

[21] BRAUM, T, FERREIRA, A I, SYDOW, J. Citizenship behavior and effectiveness in temporary organizations[J]. International Journal of Project Management, 2013, 31(6): 862-876.

[22] BRAUN, T, MULLER-SEITZ, G, SYDOW, J. Project citizenship behavior? — An explorative analysis at the project-network-nexus[J]. Scandinavian Journal of Management, 2012, 28(4): 271-284.

[23] BRESNEN M, EDELMAN, B S, NEWELL, A H, et al. Social Practices and the Management of Knowledge in Project Environments[J]. International Journal of Project Management, 2013, 21: 157-166.

[24] BYRNE, B M. Structural equation modeling with AMOS: Basic concepts, applications, and programming[M]. New York, US: Routledgy, 2013.

[25] CAIRNS, G. Mega-projects: The changing politics of urban public investment[J]. International Journal of Public Sector Management, 2004, 17(17): 52-153.

[26] CALDAS, C, GUPTA, A. Critical factors impacting the performance of mega-projects [J]. Engineering, Construction and Architectural Management, 2017, 24(6): 920-934.

[27] CANTARELLI, C C. Cost Overruns in Large-Scale Transport Infrastructure Projects: A

theoretical and empirical exploration for the Netherlands and worldwide[D]. Delft: Delft University of Technology, 2011.

[28] CAO, D, LI, H, WANG, G B. Impacts of Isomorphic Pressures on BIM Adoption in Construction Projects[J]. American Society of Civil Engineers, 2014, 140(12): 0000903.

[29] CHAN, A P C, CHAN, D W M, CHIANG, Y H, et al. Exploring critical success factors for partnering in construction projects[J]. Journal of Construction Engineering and Management, 2014, 130(2): 188-198.

[30] CHAN, A P C, CHAN, P L. Key performance indicators for measuring construction success[J]. Benchmarking: An International Journal, 2004, 11(2): 203-221.

[31] CHAN, A P C, DARKO, A, OLANIPEKUN, A O, et al. Critical barriers to green building technologies adoption in developing countries: the case of Ghana. Journal of Cleaner Production, 2018, 172: 1067-1079.

[32] CHAN, A P C, Ho, D C K, Tam, C M. Design and Build Project Success Factors[J]. Journal of Construction Engineering and Management, 2001, 127(2): 93-110.

[33] CHAN, A P C, SCOTT, D, CHAN, A P L. Factors Affecting the Success of a Construction Project[J]. Journal of Construction Engineering and Management, 2004, 130(1): 153-155.

[34] CHAN, A, P, C, SCOTT, D, LAM, E W M. Framework of Success Criteria for DesignÕBuild Projects [J]. Journal of Management in Engineering, 2002, 18 (3): 120-128.

[35] CHANG, A, CHIH, Y Y, CHEW, E, et al. Reconceptualising mega project success in Australian Defence: Recognising the importance of value co-creation[J]. International Journal of Project Management, 2013, 31(8): 1139-1153.

[36] CHAU, N D, LONG, L H. Critical success factors for implementation process of design-build projects in Vietnam[J]. Journal of Engineering, Design and Technology, 2016, 14(1): 16-27.

[37] CHEN, S. As China's Economy Matures, It Trades Speed for Build Quality on Big Projects[N]. South China Morning Post, 2004-11-21.

[38] CHI, C S, RUUSKA, I, LEVITT, R E, et al. A Relational Governance Approach for Megaprojects Case Studies of Beijing T3 and Bird's nest projects in China[C]. Engineering Project Organizations Conference. Estes Park: Colorado, 2011.

[39] COOKE-DAVIES, T. The "real" success factors on projects[J]. International Journal of Project Management, 2002, 20: 185-190.

[40] COYLE, R G. System Dynamics Modeling: a Practical Approach [M]. London: Chapman & Hall, 1996.

[41] CRESWELL, J W. Research design: Qualitative, quantitative, and mixed methods

approaches[M]. London: SAGE Publications, 2003.

[42] CROSBY, P. Key Success Drivers: Meta-Study Findings Applicable to Large High-Technology Projects [J]. International Journal of Information Technology Project Management, 2012, 3(2): 1-20.

[43] CROSBY, P. Key success drivers: Meta-Study findings applicable to large high-technology projects [J]. International Journal of Information Technology Project Management, 2012, 3(2): 1-20.

[44] CROSBY, P. Shaping complex mega-projects: practical steps for success[J]. Australian Journal of Civil Engineering, 2017, 15(1): 1-19.

[45] DARKO, A. Adoption of Green Building Technologies in Ghana: A model of Green Building Technologies and Issues Influencing Their Adoption[D]. Hong Kong: Hong Kong Polytechnic University, 2017.

[46] DAVIES, A, GANN, D, DOUGLAS, T. Innovation in Megaprojects: Systems Integration at London Heathrow Terminal 5[J]. California Management Review, 2009, 51(1): 101-125.

[47] DAVIES, A, MACKENZIE, I. Project complexity and systems integration: Constructing the London 2012 Olympics and Paralympics Games[J]. International Journal of Project Management, 2014, 32(5): 773-790.

[48] DE-VAUS, D A. Research design in social research [M]. London: Sage Publications, 2001.

[49] DEAL, T, KENNEDY, A. Corporate cultures [M]. Reading, MA: Addison-Wesley, 1982.

[50] DEAL, T, KENNEDY, A. Culture: A new look through old lenses[J]. Journal of Applied Behavioral Science, 1983, 19: 498-505.

[51] DIMITRIOU, H T, WARD, E J, WRIGHT, P G. Mega transport projects—Beyond the 'iron triangle': Findings from the OMEGA research programme [J]. Progress in Planning, 2013, 86: 1-43.

[52] DING, Z, YI, G, TAM, V W, et al. A system dynamics-based environmental performance simulation of construction waste reduction management in China[J]. Waste Management, 2016, 51: 130-141.

[53] DORUSSEN, H, LENZ, H, BLAVOUKOS, S. Assessing the Reliability and Validity of Expert Interviews[J]. European Union Politics, 2005, 6(3): 315-337.

[54] ENGLISH, L M. Public private partnership in Australia: an overview of their nature, purpose, incidence and oversight[J]. The University of New South Wales law journal, 2006, 29(3): 250-262.

[55] ERNST, Y T. Sustainable Brazil: social and economic impacts of the 2014 World Cup

[N]. The Economist, 2011-11-13.

[56] FAHRI, J, BIESENTHAL, C, POLLACK J, et al. Understanding Megaproject Success beyond the Project Close-Out Stage[J]. Construction Economics and Building, 2015, 15(3): 38-48.

[57] FARH, J L, ZHONG, C B, ORGAN, D W. Organizational Citizenship Behavior in the People's Republic of China[J]. Organization Science, 2004, 15(2): 241-253.

[58] FELDMANN, E J. Patterns of failure in government megaprojects: economics, politics, and participation in industrial democracies [M]. Lanham: University Press of America, 1985.

[59] FELLOWS, R F, LIU, A M. Research methods for construction[M]. UK: John Wiley & Sons, 2015.

[60] FIELD, A. Discovering statistics using IBM SPSS statistics (4th)[M]. London: Sage Publications, 2013.

[61] FLYVBJERG, B. Policy and planning for large-infrastructure projects: problems, causes, cures[J]. Environment and Planning B: Planning and Design, 2007, 34(10): 578-597.

[62] FLYVBJERY, B. What You Should Know About Megaprojects and Why: An Overview [J]. Project Management Journal, 2014, 45(2): 6-19.

[63] FLYVBJERG, B. The Iron Law of Megaproject Management[J]. The Oxford Handbook of Megaproject Management, 2017, 1-18.

[64] FLYVBJERG, B, GARBUIO, M, LOVALLO, D. Delusion and Deception in Large Infrastructure Projects: Two Models for Explaining and Preventing Executive Disaster [J]. California Management Review, 2009, 51(2): 170-193.

[65] FLYVBJERG, B, HON, C H K, ROTHENGATTER, W. Megaprojects and Risk: An Anatomy of Ambition[M]. Cambridge: Cambridge University Press, 2003.

[66] FLYVBJERG, B, SKAMRIS, M K, BUHL, S L. What Causes Cost Overrun in Transport Infrastructure Projects? [J]. Transport Reviews, 2004, 24(1): 3-18.

[67] FORREST, J W. System dynamics and system thinking[J]. System Dynamics Review, 1994, 10(2): 245-256.

[68] FORRESTER, J W. Industrial Dynamics[M],Massachusetts: M. I. T Press, 1961.

[69] FORTUNE, J, WHITE, D. Framing of project critical success factors by a systems model[J]. International Journal of Project Management, 2006, 24(1): 53-65.

[70] GAREMO, N, MATZINGER, S, PALTER, R. Megaproject: The good, the bad, and the better[M]. New York: McKinsey Company, 2015.

[71] GEORGE, J M, JONES, G R. Organizational Spontaneity in Context [J]. Human Performance, 1997, 10(2): 153-170.

[72] GIEZEN, M. Adaptive and Strategic Capacity: Navigating Megaprojects through

Uncertainty and Complexity[J]. Environment and Planning B: Planning and Design, 2013, 40(4): 723-741.

[73] GRAHAM, D J. Agglomeration, productivity and transport investment[J]. Journal of Transport Economics And Policy, 2007, 41: 317-343.

[74] GRBICH, C. Qualitative data analysis: An introduction[M]. London: Sage, 2012.

[75] GREIMAN, V A. Megaproject Management: Lessons on risk and project management from the Big Dig[M]. Hoboken, New Jersey: John Wiley & Son, 2013.

[76] HADIPRIONO, F C. Fuzzy set concepts for evaluating performance of constructed facilities[J]. Journal of performance of constructed facilities, 1988, 2(4): 209-225.

[77] HAIR, J, SARSTEDT, M, HOPKINSo, L, et al. Partial least squares structural equation modeling (PLS-SEM): An emerging tool in business research[J]. European Business Review, 2014, 26(2): 106-121.

[78] HAIR, J F., ANDERSON, R E, TATHAM, R L, et al. Multivariate data anaysis[M]. Upper Saddle River, N. J: Prentice-Hall, 1998.

[79] HAIR, J F, SARSTEDT, M, HOPKINS, L, et al. Partial least squares structural equation modeling (PLS-SEM): An emerging tool in business research[J]. European Business Review, 2014, 26(2): 106-121.

[80] HARE, B, CAMERON, I, DUFF, R A. Exploring the integration of health and safety with pre-construction planning [M]. Engineering, Construction and Architectural Management, 2006, 13(5): 438-450.

[81] 何清华,罗岚 .大型复杂工程项目群管理协同与组织集成[M]. 北京:科学出版社, 2014.

[82] HE, Q, LUO, L, HU, Y, et al. Measuring the complexity of mega construction projects in China — A fuzzy analytic network process analysis[J]. International Journal of Project Management, 2015, 33(3): 549-563.

[83] HE, Q, WANG, T, CHAN, A P C, et al. Identifying the gaps in project success research: A mixed bibliographic and bibliometric analysis[J]. Engineering, Construction and Architectural Management, 2019, 26(8): 1553-1573.

[84] HE, Q, XU, J, WANG, T, et al. Identifying the driving factors of successful megaproject construction management: Findings from three Chinese cases[J]. Frontiers of Engineering Management, 2019, 8(1): 1-12.

[85] HOGLE, J A, MPBERG, D P. Success case studies contribute to evaluation of complex research infrastructure[J]. Evaluation & the health professions, 2014, 37(1): 98-113.

[86] HONG, Y, CHAN, D W M, CHAN, A P C, et al. Critical Analysis of Partnering Research Trend in Construction Journals[J]. Journal of Management in Engineering, 2012, 28(2): 82-95.

[87] HOWARD, G S, COLE, D A, MAXWELL, S E. Research productivity in psychology

based on publication in the journals of the American Psychology Association[J]. American Psychologist, 1987, 42(11): pp. 975-986.

[88] HSU, C, SANDFORD, B A. The Delphi Technique: Making Sense of Consensus[J]. Practical Assessment, Research, and Evaluation, 2007, 12(10): 1-8.

[89] HU, Y. Developing a Program Organization Framework for the Success of Construction Megaprojects in China[D]. Hong Kong: Hong Kong Polytechnic University, 2013.

[90] HU, Y, CHAN, A P C, LE, Y. Understanding the Determinants of Program Organization for Construction Megaproject Success: Case Study of the Shanghai Expo Construction[J]. Journal of Management in Engineering, 2015, 31(5): 1-10.

[91] HU, Y, CHAN, A P C, LE, Y, et al. From Construction Megaproject Management to Complex Project Management: Bibliographic Analysis[J]. Journal of Management in Engineering, 2015, 31(4): 1-11.

[92] HU, Y, CHAN, A P C, LE, Y, et al. Developing a Program Organization Performance Index for Delivering Construction Megaprojects in China: Fuzzy Synthetic Evaluation Analysis[J]. Journal of Management in Engineering, 2016, 32(4): 1-9.

[93] HUO, T, REN, H, CAI, W, et al. Measurement and Dependence Analysis of Cost Overruns in Megatransport Infrastructure Projects: Case Study in Hong Kong[J]. Journal of Construction Engineering and Management, 2018, 144(3): 1-10.

[94] IKA, L A. Project Success as a Topic in Project Management Journals[J]. Project Management Journal, 2009, 40(4): 6-19.

[95] JIA, G, YANG, F, WANG, G, et al. A study of mega project from a perspective of social conflict theory[J]. International Journal of Project Management, 2011, 29(7): 817-827.

[96] JIANG, W, LU, Y, Le, Y. Trust and Project Success: A Twofold Perspective between Owners and Contractors[J]. Journal of Management in Engineering, 2016, 32(6): 243-251.

[97] JOHNSON, D E. Applied Multivariate Methods for Data Analysts[M]. California: Duxbury, 1998.

[98] JONAS, S, SHANKAR, S, BIESENTHAL, C. The Past and Present of Megaprojects [J]. Project Management Journal, 2017, 48(6): 5-16.

[99] JUGDEV, K, MULLER, R A. Retrospective look at our evolving understanding of project success[J]. Project Management Journal, 2005, 36(4): 19-31.

[100] KAISER, H F. An index of factorial simplicity[J]. Psychometrika, 1974, 39(1): 31-36.

[101] KARDES, I, OZTURK, A, CAVUSGIL, S T, et al. Managing global megaprojects: Complexity and risk management[J]. International Business Review, 2013, 22(6): 905-917.

[102] KE, Y J, WANG, S Q, CHAN, A P C, et al. Research trend of public-private-partnership (PPP) in construction journals[J]. Journal of Construction Engineering and Management, 2009, 135(10): 1076-1086.

[103] KENNY, C. Transport construction, corruption and developing countries[J]. Transport Review, 2009, 29(1): 21-41.

[104] KERZNER, H. In search of excellence in project management[J]. Journal of Systems Management, 1987, 38(2): 30-40.

[105] KESSIDES, C. The Contributions of Infrastructure to Economic Development: A Review of Experience and Policy Implications[R]. Washington DC, World Bank, 1993.

[106] KHAN, A S, GUL, S, SHAH, A. A review of literature on the role of trust and partnering in success of construction projects [J]. African Journal of Business Management, 2011, 5(33): 13541-13549.

[107] KIM, J O, MUELLER, C W. Factor analysis: Statistical methods and practical issues [M]. London: Sage Publications, 1978.

[108] KIPP, A, KAI, R, WIEMANN, S. IT Mega Projects: What They Are and Why They Are Special. European Conference on Information Systems[C]. Galway: Ireland, 2008.

[109] KLAKEGG, O J, WILLIAMS, T, SHIFERAW, A T. Taming the 'trolls': Major public projects in the making[J]. International Journal of Project Management, 2016, 34(2): 282-296.

[110] KVALE, S, BRINKMANN, S. InterViews: Learning the Craft of Qualitative Research Interviewing[M]. London: SAGE Publications, 2009.

[111] LAM, E, CHAN, A P C, CHAN, D. Determinants of successful design-build project [J]. Journal of Construction Engineering and Management, 2008, 134(5): 333-341.

[112] 乐云,白居,李永奎,等. 中国重大工程高层管理者获取政治激励的影响因素与作用机制-基于 43 个项目 208 个样本的考察[J]. 管理学报, 2016, 13(8): 1164-1173.

[113] LE, Y, SHAN, M, CHAN, A P C, et al. Investigating the causal relationshiops between causes of and vulnerabilities to corruption in the Chinese public construction sector[J]. Journal of Construction Engineering and Management, 2014, 140(9): 1-12.

[114] 乐云,徐进英,白居. 制度变迁视角下重大基础设施投融资模式演进研究[J]. 同济大学学报: 自然科学版, 2016, 44(8): 1272-1279.

[115] 乐云,张云霞,李永奎. 政府投资重大工程建设指挥部模式的形成、演化及发展趋势研究[J]项目管理技术, 2014, 12(9): 9-13.

[116] LEHTONEN, M. Evaluating megaprojects: From the 'iron triangle' to network mapping[J]. Evaluation, 2014, 20(3): 278-295.

[117] LEON, H, OSMAN, H, GEORGY, M, et al. System Dynamics Approach for Forecasting Performance of Construction Projects [J]. Journal of Management in

Engineering, 2014, 34(1): 1-14.
[118] 李鹏. 李鹏论三峡工程[M]. 北京: 中国三峡出版社, 2011.
[119] LI, X H, LIANG, X. A Confucian Social Model of Political Appointments among Chinese Private-Firm Entrepreneurs[J]. Academy of Management Journal, 2014,58(2): 592-617.
[120] LI, Y, LU, Y, PENG, Y. Hierarchical structuring success factors of project stakeholder management in the construction organization[J]. African Journal of Business Management, 2011,5(22): 1-8.
[121] 李永奎,乐云,张艳,等. "政府-市场"二元作用下的我国重大工程组织模式: 基于实践的理论构建[J]. 管理系统学报, 2018, 27(1): 147-156.
[122] LI, Z, SHEN, G Q, ALSHAWI, M. Measuring the impact of prefabrication on construction waste reduction: An empirical study in China[J]. Resources, Conservation and Recycling, 2014, 91: 27-39.
[123] LIU, Z, ZHU, Z, WANG, H, et al. Handling social risks in government-driven mega project: An empirical case study from West China[J]. International Journal of Project Management, 2016, 34(2): 202-218.
[124] LIU, Z, WANG, L, SHENG, Z, et al. Social responsibility in infrastructure mega-projects: A case study of ecological compensation for Sousa chinensis during the construction of the Hong Kong-Zhuhai-Macao Bridge[J]. Frontiers of Engineering Management, 2018, 5(1): 98-108.
[125] LOCATELLI, G, INVERNIZZI, D C, BROOKES, N J. Project characteristics and performance in Europe: An empirical analysis for large transport infrastructure projects [J]. Transportation Research Part A: Policy and Practice, 2017,98: 108-122.
[126] LOCATELLI, G, MARIANI, G, SAINATI, T, et al. Corruption in public projects and megaprojects: There is an elephant in the room! [J]. International Journal of Project Management, 2017, 35(3): 252-268.
[127] LOCATELLI, G, MIKIC, M, BROOKES, N, et al. The successful delivery of megaprojects: a novel research method[J]. Project Management Journal, 2017, 48(5): 78-94.
[128] LOCATELLI, G, MINIC, M, BROOKES, N J, et al. The successful delivery of megaprojects: a novel research method[J]. Project Management Journal, 2017, 48(5): 78-94.
[129] LOVE, P E D, AHIAGA-DAGBUI, D D, IRANI, Z. Cost overruns in transportation infrastructure projects: Sowing the seeds for a probabilistic theory of causation[J]. Transportation Research Part A: Policy and Practice, 2016, 92: 184-194.
[130] LOVE, P E D, SKITMORE, M, EARL, G. Selecting a suitable procurement method

for a building project[J]. Construction Management and Economics, 1998, 16(2): 221-233.

[131] LOVE, P E D, SMITH, J, SIMPSO, I, et al. Understanding the Landscape of Overruns in Transport Infrastructure Projects [J]. Environment and Planning B: Planning and Design, 2015, 42(3): 490-509.

[132] LUCKO, G, ROJAS, E M. Research Validation: Challenges and Opportunities in the Construction Domain[J]. Journal of Construction Engineering and Management, 2010, 136(1): 127-135.

[133] LUNDRIGAN, C, GIL, N, PURANAM, P. The (under) performance of mega-projects: A meta-organizational perspective[J]. Social Science Electronic Publishing, 2015, 1(1): 99-112.

[134] LUO, L, HE, Q, XIE, J, et al. Investigating the Relationship between Project Complexity and Success in Complex Construction Projects[J]. Journal of Management in Engineering, 2017, 33(2): 04016036.

[135] LUO, L, LI, Y, YANG, D, et al. Research on Multidimensional Connotations of Megaproject Construction Organization Citizenship Behavior[J]. Frontiers of Engineering Management, 2015, 2: 148-153.

[136] MULLER, R, JUGDEV, K. Critical Success Factors in Projects: Pinto, Slevin and Prescott-the elucidation of project success[J]. International Journal of Managing Projects in Business, 2012, 5(4): 757-775.

[137] MULLER, R, TURNER, R. , ANDERSEN, E S, et al. Ethics, Trust, and Governance in Temporary Organizations[J]. Project Management Journal, 2014, 45(4): 39-54.

[138] MACHADO, F J, MARTENS, C D P. Project Management Success: A Bibliometric Analisys[J]. Revista de Gestão e Projetos, 2015, 6(1): 28-44.

[139] MALONEY, W F. Construction product/service and customer satisfaction[J]. Journal of Construction Engineering and Management, 2002, 128(6): 522-529.

[140] MAO, C, SHEN, G Q, PAN, W, et al. Major Barriers to Off-Site Construction: The Developer's Perspective in China[J]. Journal of Management in Engineering, 2013, 31(3): 04014043.

[141] MARREWIJK, A V, CLEGG, S R, PITSIS, T S. Managing public-private megaprojects: Paradoxes, complexity, and project design[J]. International Journal of Project Management, 2008, 26(6): 591-600.

[142] MARTIN, E W. Critical success factors of chief MIS/DP executives [J]. MIS Quarterly, 1982, 6(2): 1-9.

[143] MASS, N. Stock and flow variables and the dynamics of supply and demand[M]. Waltham, MA: Pegasus Communications, 1980.

[144] MAZUR, A, PISARSKI, A, CHANG, A, et al. Rating defence major project success: The role of personal attributes and stakeholder relationships[J]. International Journal of Project Management, 2014, 32(6): 944-957.

[145] MCNEISH, D. Exploratory factor analysis with small samples and missing data[J]. Journal of Personality Assessment, 2017, 99(6): 637-652.

[146] MCQUEEN, R A, KNUSSEN, C. Research methods for social science: A practical introduction[M]. Prentice Hall, US: Harlow, 2002.

[147] MERROW, E W. Industrial Megaprojects: Concepts, Strategies and Practices for success[M]. Hoboken, New Jersey, John Wiley & Sons: 2011.

[148] MORRIS, P W G. Reconstructing Project Management [M]. Chichester: Wiley-Blackwell, 2013.

[149] MORRIS, P W G, HOUGH, G H. The anatomy of major projects: A study of the reality of project management[M]. Chichester, UK: John Wiley & Sons, 1987.

[150] NEUMAN, W L. Social research methods: Quantitative and qualitative approaches[M]. Boston: Allyn and Bacon, 2015.

[151] NGUYEN, L D, OGUNLANA, S O and LAN, D T X. A study on project success factors on large construction projects in Vietnam[J]. Engineering, Construction and Architectural Management, 2014, 11(6): 404-413.

[152] NGUYEN, O D, OGUNLANA, S O, LAN, D T X. A study on project success factors in large construction projects in Vietnam [J]. Engineering, Construction and Architectural Management, 2004, 11(6): 404-413.

[153] NIELSEN, T M, HRIVNAK, GEORGE, A, MEGAN, S. Organizational Citizenship Behavior and Performance: A Meta-Analysis of Group-Level Research[J]. Small Group Research, 2004, 40(5): 555-577.

[154] NING, Y, LING, F Y Y. Boosting Public Construction Project Outcomes through Relational Transactions [J]. Journal of Construction Engineering and Management, 2014, 14(1): 1-10.

[155] NORUSIS, M J. SPSS 16. 0 advanced statistical procedures companion[M]. Upper Saddle River, NJ: Prentice-Hall, 2008.

[156] ORGAN, D W. Organizational citizenship behavior: The good soldier syndrome[M], LexingtonBooks: Lexington, USA, 1988.

[157] OSEI-KYEI, R, CHAN, A P C. Review of studies on the Critical Success Factors for Public-Private Partnership (PPP) projects from 1990 to 2013[J]. International Journal of Project Management, 2015, 33(6): 1335-1346.

[158] PATANAKUL, P, KWAK, Y H, LIU, M. What impacts the performance of large-scale government projects? [J]. International Journal of Project Management, 2016,

34(3): 452-466.

[159] PATANAKUL, P, SHENHAR, A J. What Project Strategy Really Is: The Fundamental Building Block in Strategic Project Management[J]. Project management Journal, 2012, 43(1): 4-20.

[160] PINTO, J K, MORRIOS, P W G. *The wiley guides to managing projects*[M]. New Jersey: John Wiley & Sons, 2004.

[161] PINTO, J K, SLEVIN, D P. Critical success factors across the project life cycle[J]. Project Management Journal, 1988, 19(3): 67-74.

[162] PITSIS, A, CLEGG, S, FREEDER, D, et al. Megaprojects redefined-complexity vs cost and social imperatives[J]. International Journal of Managing Projects in Business, 2017, 11(1): 7-34.

[163] PODSAKOFF, N P, PODSAKOFF, P M, MACKENZIE, S B, et al. Consequences of unit-level organizational citizenship behaviors: A review and recommendations for future research[J]. Journal of Organizational Behavior, 2014, 35(1): S87-S119.

[164] PUERTO, C L, SHANE, J S. Keys to Success in Megaproject Management in Mexico and the United States: Case Study [J]. Journal of Construction Engineering and Management, 2014, 140(4): 1-7.

[165] QIU, Y M, CHEN, H Q, SHENG, Z H, et al. Governance of institutional complexity in megaproject organizations[J]. International Journal of Project Management, 2019, 37(3): 425-443.

[166] QUDRAT, H, SEONG, B S. How to do structural validity of a system dynamics type simulation model: The case of an energy policy model[J]. Energy Policy, 2010, 38(5): 2216-2224.

[167] ROOKE, J, SEYMOUR, D, FELLOWS, R F. Planning for claims: an ethnography of industry culture[J]. Construction Management and Economics, 2004, 22(6): 655-662.

[168] ROWLINSON, S, CHEUNG, Y K F. Stakeholder management through empowerment: modelling project success[J]. Construction Management and Economics, 2008, 26(6): pp. 611-623.

[169] RUSSO, R. Statistics for the behavioural sciences: An introduction[M]. New York: Psychology Press, 2003.

[170] RWELAMILA, P D, MEYER, C. Appropriate or default project procurement systems [J]. Cost Engineering, 1999, 41(9): 40-44.

[171] SODERLUND, J, SANKARAN, S, BIESENTHAL, C. The Past and Present of Megaprojects[J]. Project Management Journal, 2017, 48(6): 5-16.

[172] SANTOS, J R A. Cronbach's alpha: A tool for assessing the reliability of scales[J]. Journal of Extension, 1999, 37(2): 1-5.

[173] SHEHLU, Z, AKINTOYE, A. Major challenges to the successful implementation and practice of programme management in the construction environment: A critical analysis [J]. International Journal of Project Management, 2010, 28(1): 26-39.
[174] SHEN, L Y, WU, Y Z, ZHANG, X L. Key Assessment Indicators for the Sustainability of Infrastructure Projects[J]. Journal of Construction Engineering and Management, 2010, 137(6): 441-451.
[175] SHENG, Z H. Fundamental Theories of Mega Infrastructure Construction Management: Theoretical Considerations from Chinese Practices[M]. Switzerland: Springer, 2018.
[176] SHENHAR, A, HOLZMANN, V. The Three Secrets of Megaproject Success: Clear Strategic Vision, Total Alignment, and Adapting to Complexity [J]. Project Management Journal, 2017, 48(6): 29-46.
[177] SHENHAR, A J, DVIR, D, LEVY, O, et al. Project Success: A Multidimensional Strategic Concept[J]. Long Range Planning, 2001, 34: 699-725.
[178] SHENHAR, A J, LEVY, O, DVIR, D. Mapping the dimensions of project success[J]. Project Management Journal, 1997, 28(2): 5-13.
[179] SLEVIN, D P, PINTO, J K. The project implementation profile: New tool for project managers[J]. Project Management Journal, 1986, 17(4): 57-70.
[180] STERMAN, J D. Business Dynamics: System Thinking and Modeling for a Complex World[M]. London: McGraw-Hill, 2000.
[181] STERMAN, J D. System Dynamics Modeling: tools for learning in a complex world[J]. California Management Review, 2001, 43(4): 8-25.
[182] STERMAN, J D. System Dynamics: Systems Thinking and Modeling for a Complex World[M]. McGraw-Hill Higher Education: Cambridge, USA, 2002.
[183] STURUP, S, LOW, N. Storylines, Leadership and Risk, Some Findings from Australian Case Studies of Urban Transport Megaprojects [J]. Urban Policy and Research, 2015, 33(4): 490-505.
[184] SUN, Y F. Management innovation and practice of Qinghai Tibet Railway construction [J]. Management World, 2005, 3: 1-6.
[185] SYKES, A. Megaprojects: Grand Schemes Need Oversight, Ample Funding [C]. Forum for Applied Research and Public Policy, 1998.
[186] TAH, J H, CARR, V. A proposal for construction project risk assessment using fuzzy logic[J]. Construction Management and Economics, 2000, 18(4): 491-500.
[187] TAM, V W, TAM, C M, ZENG, S X, et al. Environmental performance measurement indicators in construction[J]. Building and Environment, 2006, 41(2): 164-173.
[188] TAN, W C K. Practical research methods[M]. Singapore: Pearson Custom, 2011.
[189] TAO, L, GUO, R. Analysis in Driving Factors of Corporate Environmental

Management Behavior：Based on Institutional Legitimacy Theory[J]. Theory Monthly，2013，12：137-141.

[190] TAYLOR，T R B，FORD，D N. Managing Tipping Point Dynamics in Complex Construction Projects[J]. Journal of Construction Engineering and Management，2008，134(6)：421-431.

[191] TERVONEN，T，FIGUEIRAA，J R，LAHDELMAB，R，et al. A stochastic method for robustness analysis in sorting problems[J]. European Journal of Operation Research，2009，192(1)：236-242.

[192] TOOR，S R，OGULANA，S O. Construction professionals' perception of critical success factors for large-scale construction projects[J]. Construction Innovation，2009，9(2)：2-19.

[193] TUMAN，J. Success modeling：A technique for building a winning project team. Proceedings of Project Management Institute[C]. Project Management Institute，1986.

[194] TURNER，J R，MULLER，R. On the nature of the project as a temporary organization [J]. International Journal of Project Management，2003，21：1-8.

[195] TURNER，J R，XUE，Y. On the success of megaprojects[J]. International Journal of Managing Projects in Business，2018，11(3)：1753-8378.

[196] TURNER，R，ZOLIN，R. Forecasting Success on Large Projects：Developing Reliable Scales to Predict Multiple Perspectives by Multiple Stakeholders Over Multiple Time Frames[J]. Project Management Journal，2012，43(5)：87-99.

[197] VIDAL，L A，MARLE，F. Understanding project complexity：implications on project management[J]. Kybernetes，2008，37(8)：1094-1110.

[198] VOLDEN，G H，SAMSET，K. Governance of Major Public Investment Projects-Principles and Practices in Six Countries[J]. Project Management Journal，2017，48(3)：90-108.

[199] VRIES，T A D，HOLLENBECK，J R，DAVISON，R B. Managing coordination in multiteam systems：integrating micro and macro perspectives[J]. IEEE Engineering Management Review，2016，44(4)：72-93.

[200] 王进. 大型工程项目成功标准研究-基于利益相关者理论[D]. 湖南：中南大学，2018.

[201] WANG，L，HINRICHS，K T，PRIETO，L，et al. Five dimensions of organizational citizenship behavior：Comparing antecedents and levels of engagement in China and the US[J]. Asia Pacific Journal of Management，2010，30(1)：115-147.

[202] WANG，S W. Practice of the reform of the three gorges project investment management model[J]. China Investment，1999，6：41-43.

[203] WANG，T，HE，Q，LU，Y，et al. How Does Organizational Citizenship Behavior (OCB) Affect the performance of megaprojects? Insights from a System Dynamic

Simulation[J]. Sustainability, 2018, 10(6): 1078-1095.

[204] WANG, T, WANG, J, WU, P, et al. Estimating the environmental costs and benefits of demolition waste using life cycle assessment and willingness-to-pay: A case study in Shenzhen[J]. Journal of Cleaner Production, 2018, 172: 14-26.

[205] 王雄. 中国速度：中国高速铁路发展纪实[M]. 北京：外文出版社，2018.

[206] WANG, X P, CUI, G J. Project management of large projects in China[M]. Wuhan: Huazhong University of Science and Technology Press, 1993.

[207] WANG, Y, CHEN, H, SHEN, L, et al. A study on the key factors of over-time and over-pay in governmental engineering projects[J]. Construction Economy, 2008, 39(7): 76-79.

[208] WESTERVELD, E. The Project Excellence Model: linking success criteria and critical success factors [J]. International Journal of Project Management, 2003, 21 (6): 385-386.

[209] WETZELS, M, ODEKERKEN, G, VANOPPEN, C. Using PLS path modeling for assessing hierarchical construct models: Guidelines and empirical illustration[J]. MIS Quarterly: Management Information Systems, 2009, 33(1): 177-196.

[210] WHO. Global Status Report on Road Safety [R]. Geneva: World Health Organization, 2015.

[211] WILLIAMS, B, ONSMAN, A, BROWN, T. Exploratory factor analysis: A five-step guide for novices[J]. Journal of Emergency Primary Health Care, 2010, 8(3): 1-13.

[212] WINCH, G, LEIRINGER, R. Owner project capabilities for infrastructure development: A review and development of the "strong owner" concept[J]. International Journal of Project Management, 2016, 34(2): 271-281.

[213] WINZ, I, BRIERLEY, G, TROWSDALE, S. The use of system dynamics simulation in water resources management[J]. Waste Resources Management, 2009, 32 (7): 1301-1323.

[214] WIT, D. Measuring project success: An illusion[J]. International Journal of Project Management, 1988, 8(6): 1-7.

[215] WOLSTENHOLME, E F. System Enquiry — A System Dynamics Approach[M]. Chichester, John Wiley & Sons, 1990.

[216] World Bank. World Bank Sees Progress Against Extreme Poverty, But Flags Vulnerabilities[R]. Washington, 2012.

[217] XING, X, CHALIP, L. Marching in the Glory: Experiences and Meanings When Working for a Sport Mega-Event[J]. Journal of Sport Management, 2009, 32 (2): 210-237.

[218] XIONG, B, SKITMORE, M, XIA, B. A critical review of structural equation modeling

applications in construction research[J]. Automation in Construction, 2015, 49: 59-70.

[219] XU, P P. A Model for Sustainable Building Energy Efficiency Retrofit (BEER) Using Energy Performance Contracting (EPC) Mechanism for Hotel Buildings in China[D]. Hong Kong: Hong Kong Polytechnic University, 2012.

[220] XU, PP, CHAN, EHW and QIAN, QK. Key performance indicators (KPI) for the sustainability of building energy efficiency retrofit (BEER) in hotel buildings in China [J]. Facilities, 2012, 30(9): 432-448.

[221] XU, P P, CHAN, H W E, QIAN, K. Success factors of Energy Performance Contracting (EPC) for sustainable building energy efficiency retrofit (BEER) of hotel buildings in China[J]. Energy Policy, 2011, 39: 7389-7398.

[222] YAGGER, R R. On a general class of fuzzy connectives[J]. Fuzzy Sets System, 1980, 4(3): 235-242.

[223] YAN, H, ELZARKA, H, GAO, C, et al. Critical Success Criteria for Programs in China: Construction Companies' Pespectives[J]. Journal of Management in Engineering, 2019, 35(1): 1-13.

[224] YANG, D, HE, Q, CUI, Q, et al. Organizational Citizenship Behavior in Construction Megaprojects[J]. Journal of Management in Engineering, 2018, 34(4): 1-11.

[225] YEN, H R, LI, E Y, NIEHOFF, B P. Do organizational citizenship behaviors lead to information system success? [J]. Information & Management, 2008, 45(6): 394-402.

[226] YEUNG, F Y. Developing a Partnering Performance Index (PPI) for construction projects- A Fuzzy Set Theory Approach[D]. Hong Kong: Hong Kong Polytechnic University, 2017.

[227] YU, Y, CHAN, A P C, CHEN, C, et al. Critical Risk Factors of Transnational Public-Private Partnership Projects: Literature Review[J]. Journal of Infrastructure Systems, 2018, 24(1): 04017042.

[228] YUAN, H P. A model for evaluating the social performance of construction waste management[J]. Waste Management, 2012, 42(6): 1218-1228.

[229] YUAN, H P, CHINI, A R, LU, Y. dynamic model for assessing the effects of management strategies on the reduction of construction and demolition waste[J]. Waste Management, 2012, 32(3): 521-531.

[230] YUAN, H P. A Dynamic Model for Assessing the Effectiveness of Construction and Demolition Waste Management [D]. Hong Kong: Hong Kong Polytechnic University, 2011.

[231] ZADEH, L A. Fuzzy sets[J]. Information and Control, 1965, 8(3): 338-353.

[232] ZARINA, E M A, YUSOF, K. Determining Critical Success Factors of Project Management Practice: A conceptual framework[C]. International Conference on Quality

of Life, Sabah: Malaysia, 2014.

[233] ZHAI, Z, AHOLA, T, LE, Y. Governmental Governance of Megaprojects: The Case of EXPO 2010 Shanghai[J]. Project Management Journal, 2017, 48(1): 37-50.

[234] ZHANG, J, QIU, Y. Complex integrity and the improved DB mode in infrastructure mega-projects: how does the improved DB mode degrade the complex integrity of infrastructure mega-projects? Evidence from the Hong Kong-Zhuhai-Macau Bridge project in China[J]. Frontiers of Engineering Management, 2018,5(1): 40-51.

[235] Zhang, Q, OO, B L, LIM, B T H. Drivers, motivations, and barriers to the implementation of corporate social responsibility practices by construction enterprises: A review[J]. Journal of Cleaner Production, 2019, 210: 563-584.

[236] ZHANG, X L, SHENG, L Y, WU, Y Z. Green strategy for gaining competitve advantage in housing development: a China study[J]. Journal of Cleaner Production, 2011, 19(2): 157-167.

[237] ZHAO, X, SINGHAPUTTANGKUL, N. Effects of firm characeristics on enterprise risk management: Case study of Chinese construction firms operating in Singapore[J]. Journal of Management in Engineering, 2016, 32(4): 05016008.

[238] ZHENG, X, LE, Y, CHANG, A P C, et al Review of the application of social network analysis (SNA) in construction project management research[J]. International Journal of Project Management, 2016, 34(7): 1214-1225.

[239] ZHENG, X, LU, Y J, CHANG, R D. Governing Behavioral Relationships in Megaprojects: Examining Effect of Three Governance Mechanisms under Project Uncertainties[J]. Journal of Management in Engineering, 2019, 35(5): 1-16.

[240] ZHU, Y, ZHANG, J, GAO, X. Construction management and technical innovation of the main project of Hong Kong-Zhuhai-Macao Bridge[J]. Frontiers of Engineering Management, 2018, 5(1): 128-132.

[241] 朱永灵，盛昭瀚，张劲文，等. 中国港珠澳大桥决策实践、经验与理论思考[M]. 北京：人民交通出版社，2018.

[242] ZIMMERMAN, H J. Fuzzy set theory—and its applications [M]. Netherlands: Springer, 2001.

[243] ZUO, J, ZILLANTE, G. Project culture within construction projects: A literature review[C]. 13th International Group for Lean Construction Conference, Sydney, 2011.